わが子が勉強するようになる方法

2500人以上の子どもを超有名中学に合格させた
「伝説の家庭教師」が教える超実践的な38のルール

西村則康
プロ家庭教師集団
「名門指導会」代表

アスコム

まずは、子どもの勉強についての考え方をおうかがいします。あなたが「イエス」と思うものにチェックをしてください。

- [ ] 塾の宿題は全部やらせている
- [ ] 100円ショップで買ったコンパスを使わせている
- [ ] スピーディーに問題を解く訓練が重要だ
- [ ] 子どもには料理の手伝いはさせない
- [ ] 中学受験は暗記で何とかなる
- [ ] 「数学」と「算数」の違いは難易度にある
- [ ] ママ友・パパ友からの情報に影響を受けている
- [ ] 地頭の良し悪しはひらめきで決まる
- [ ] 昆虫には触らせないようにしている
- [ ] 夫婦の会話は短めにすませている

チェックが一つでも付いた方、
子育てのやり方を見直してみませんか。

このままでは、お子さんが勉強を好きになれませんし、
近年変化する中学受験に対応できない
可能性があります。

また、急速に変化する予測困難な社会で、
お子さんは自立して生きていく力を
身に付けることができません。

チェック項目の詳細は、本書の中で詳しく解説しています。

本書で紹介する38のルールを実践することで、お子さんが
主体的に勉強に取り組み、成績を上げることができます。

はじめに

「地アタマ」のいい子に育てる。そんな言葉がしきりに使われはじめたのは、今から20年ほど前のことです。
「地アタマがいい」の定義にはっきりしたものはなく、あいまいですが、一般的に偏差値だけでは測れない、本質的な能力を持つ人を指す場合によく使われています。

たとえ一流大学を出ても、今は社会人としての生活が生涯にわたり保証されているわけではありません。まして、未知の疫病である新型コロナウイルスに見舞われた2020年は、将来に対する不安が浮き彫りとなり、一方で「リモート」という新しい働き方、学び方が打ち出された「時代の節目」ともいえる年でした。このように、急変するどんな状況下でも、たくましく社会を生き抜ける力が必要です。それは、人生で訪れるいくつもの荒波を乗り越えて、いえ、時にはその荒波さえも楽しみながら、自らの道を邁進していく力と言い換えてもいいでしょう。

ですが、たくましく生き抜く力は、イコール「地アタマ」がよければ発揮できるというものではありません。「地アタマ」は生き抜く力の一部分にしかすぎず、そのほかにも多方面からさまざまな能力が求められるのです。

それらのなかから特に重要なものに注目しました。それは、論理的な思考法や多様な発想法、とっさの判断力、その思考や判断を実現する力です。文部科学省が、『学力の3要素』として、「1. 知識・技能、2. 思考力・判断力・表現力、3. 主体性を持って多様な人々と協働して学ぶ態度」と定義づけていますが、その中の2つ目、思考力・判断力・表現力にあたるものです。本書では、これらを「**3つの力**（**思考力・判断力・表現力**）」**と呼んでいます**。

私は集団指導塾の講師や家庭教師として、これまで40年にわたり私立中学の受験指導をしています。家庭教師に転向したのは15年ほど前からですが、これまでに、御三家、灘中など最難関校に合格させてきた生徒の数は２５００人以上にのぼります。なかには、受験を決めた小学5年生の段階で、そもそも偏差値が志望校の合格圏にはまったく届いていなかったにもかかわらず、私が指導することで10以上偏差値が伸びて、見事、難関校に合格した子どももいました。

ところで近年、実感しているのが、私立中学校の受験問題の変化です。以前の中学入試というのは、算数も理科も国語も社会も、とにかく学習内容を丸暗記さえすれば合格することができました。算数ですら解法のパターンは少なく、しかも応用の種類も多くはありませんでした。

しかしこの数年の中学入試では、明らかに子どもが「3つの力」を持っているかどうかを判断するものに変化してきています。つまり、「あなたは、この問題を解くための知識や道すじを見つけることができますか？」という、子どもの思考そのものを問うような試験が増えはじめているのです。

そうした入試動向に対して、有名塾も入試問題の分析の精度を高めてきました。その結果、新しい解き方がひとつのパターンとして翌年のテキストに載るようになる。そしてまた翌年、新しい解き方が追加される、といういたちごっこがくり返され、テキスト自体がどんどん分厚くなっています。

必然的に問題数が増えて、子どもは量をこなし、パターンを暗記することだけで精一杯になってしまいます。ところが入試当日に出題された問題は、ちょっとしたことに気づきさえすれば解答できるはずなのに、暗記したパターンから引き出そうとして、むしろ解答できなくなってしまう。また答えられたとしても、所詮暗記の賜物であり、本当の意味での「理解」はしていない。そんな現象が起きています。つまり、入試問題の現場と塾のテキストの乖離が著しくなっているのです。

ではいったい、どうすれば前述の「3つの力」を持つ子どもに育てられるのでしょうか。

「3つの力」を持つ子どもは、たとえば算数なら、公式の本質そのものを理解しています。そのため今まで解いたことのない問題に出合ったとしても、過去の知識を総動員して、「これには過去に使ったどんなプロセスが利用できそうか」「どれくらいの時間がかかり、どれくらいの手間が必要になりそうか」という予測をします。その「予測」を「実行」に移し、それが正しいかどうかを自ら「チェック」して、正解を導き出していきます。

このような頭脳の動かし方こそ「3つの力」の特徴です。**私は、中学受験のための学習を通じて、この頭脳を獲得してほしい、そして、この学習は「3つの力」をつけるのに、うってつけだと常々発信してきました。**

「3つの力」は意識的に訓練しないと身につきません。ただやみくもに長い時間をかけて多量の勉強をすればいいというわけではないのです。

この「3つの力」は、子どもが成人し、社会に出てからも有用です。前述した「予測↓実行↓チェック」という一連の流れは、仕事のプロセスとまったく同じですから、「3つの力」の持ち主が社会人になると、目の前にある物事や課題からいくつかの必要な要素を抜き出して、単純化されたモデルのなかで思考を進めていくことができます。

それは最短最速で、最高の結果を出すことのできる能力です。努力はしているのに結果が出ない、またはやる気そのものが湧いてこないという社会人像とはまったく対極にあります。

さらに「3つの力」を持っていれば、自らの人生を、実のともなうすばらしいものにデザインすることも可能です。人生の目標を設定し、そこに向かうためのプロセス管理をして、自らの望みを見事に叶えることができる。なぜなら、人生設計というのもまた「予測→実行→チェック」の連続だからです。

21世紀の社会は複雑で、原因と結果がストレートに結びつくことはほとんどありません。現代においては、複雑にからみ合った出来事を自分なりの視点でひもとき、未来を自分なりに理解できる「3つの力」が不可欠だと言えるでしょう。そしてそれは、現代の実力社会を生き抜く力そのものと言っても過言ではありません。

働き方改革やコロナ禍による生活様式の変化、スマホやSNSの普及、そして入試問題の変化と、世の中は急速に変化しています。いま時代の子育てに、さらに即したものとなるよう、以前に執筆した『御三家・灘中合格率日本一の家庭教師が教える頭のいい子の育て方』（2013年発行）を改題し、再編集（一部加筆・修正）したのが本書です。

この本では、子どもたちの「3つの力」を育むための秘訣や具体例をたくさん挙げました。子どもの将来の幸福を願う親御さんの一人でも多くの方に、実践してほしいと願ってやみません。

西村則康

子どもを伸ばす
超実践的な
38のルール

1

優秀な子にしたいなら タワマン高層階は避ける

五感への刺激の積み重ねの重要性

近年、都心の高層マンションが大変な人気ですね。景色を一望できる上階に住むというのが、憧れのライフスタイルとして盛んにもてはやされています。

でも、私は高層マンションの上階に住む子どもは才能が開花しづらい傾向にあると感じています。比較的、教育熱心な母親が多いためでしょうか、子どものレベルの平均値そのものは高いのですが、

「この子はスゴイぞ」

という子どもの割合は低いように感じます。

それは、高層マンションという住環境を完全にコントロールされたなかで育つと、刺激が少なすぎるからだと思っています。

タワーの上階に住んでいると窓を開ける機会も少なくなりますし、風が吹く音や雨

が降る音、鳥の鳴き声といった自然界の音もまったく聞こえません。廊下にはカーペットが敷かれていて、靴音などもしないのです。

上手に刺激を与えれば与えるほど成長する子どもの時期に、こういう環境で育つのはあまりよくないのではないかと感じています。いろいろなものを触った、見た、匂いをかいだというような**視覚・聴覚・嗅覚・触覚・味覚の五感への刺激を小さな頃から少しでも多く積み重ねてほしい**からです。

でもそれは、高層マンションに限らず、都会に住むすべての子どもが抱える問題だとも言えます。

土を触れば、そこには香りや温度、湿度があります。その土には雑草が生い茂っていて、季節ごとの野草を知ることができます。掘り返せば、さまざまな昆虫たちがそこで暮らしていることを知るでしょう。

単に植物の写真を見て「きれいだね」と疑似体験するのと、そういった緑や土の匂いといった五感とともに記憶に刻まれているのとでは大きく違います。

積み重ねていけば、たとえば国語の問題を解いている時も、五感を使って主人公の心情や情景を理解することができるようになるのです。

炎を見たことがない、身体感覚に乏しい子どもたち

そういった**皮膚感覚や身体感覚をともなった経験の量と質が、その子の将来に少なからず影響を与えている**と感じています。

ある子どもに、理科の「燃焼」の単元を教えている時のことでした。

「木炭って、何かわかるか？」

と私が聞くと、

「わからない」

という答えでした。その後、このようなやり取りになりました。

「炭だよ。バーベキューの時に使う真っ黒いやつ。知ってるかな？」

「バーベキューしたことないもん」

「そうか、炭を見たことがないんだ。じゃあ覚えておいてね。木炭のように個体がそのまま燃える場合は、炎をあげずに赤くなって燃えるんだよ。炎は気体が燃えるから出るんだ。キッチンのガスコンロは、都市ガスという気体が燃えるから、炎が出るんだよ」

「わからない。だって家のキッチンのコンロは火が出ないもの」

そういえば、この家はオール電化でした。

電車が電車を追い越す感覚がわからない

もう一つ、身体感覚に乏しい例を挙げておきましょう。

小学5年生で通過算の問題をやっても、なかなか理解できない子どもがいます。

それは、列車に乗ったり車窓を眺めたりという経験が少ないために、**「列車が別の列車に追いつき、やがて追い越す」という感覚がわからない**のです。

さらには、通過算の苦手な子どもの多くは、時計算も苦手な傾向があります。短針はゆっくりと動き、その短針を長針が何度も何度も追い抜いていく、ということが理解できないのです。

「1時と2時の間で、時計の長針と短針が90度になるのは何時何分でしょう」

という問題があります。1時の短針を書かせたあと、

「90度になる長針を、だいたいの位置でいいから書いてごらん」

と言ってもそれができません。

近ごろの時計はとても性能がよくて、時刻が狂ったから針を回して合わせるという機会がほとんどありません。デジタル時計も多いですから、

「短針を追い抜いたあと、この場所まで長針をまわせばいいんだ」

と、ほんの少し先の状態を予想しながら針を動かし、止めることができないのです。

そういう子どもを見るたびに、体験というのは本当に大切なことだと、近ごろますます強く感じるようになっています。

2

一流の知識人に なぜ昆虫マニアが多いのか

「納得」して学習する基礎の蓄積

今、第一線で活躍している著名な知識人の書いた伝記やエッセイを読むと、幼い頃から昆虫に夢中になっている人がかなり多いことに気づきます。

生物学者の福岡伸一さんはもちろん、解剖学者の養老孟司さん、故人では精神科医であり作家でもあった北杜夫さんも、幼い頃からファーブルに憧れて、昆虫採集に熱中していたそうです。最近では俳優で東大卒の「カマキリ先生」こと香川照之さんも人気ですね。

そういったエピソードを知ると、テストの成績とは直接的には関係ない、こういった**遊びの経験が、どれだけ幼い子どもの頭と心の栄養になっているか**がわかります。

小学4年生以降になると、単に暗記したり機械的に問題を解いたりするのではなく、**「理解」や「納得」を積み重ねながらの学習**が必要になります。でも、4年生までにそういった昆虫遊びなどのさまざまな経験がなければ、納得して学習するための基礎が、その子どものなかにそもそも蓄積されていないのです。

カエルを解剖して知る生物の仕組み

私の教えている生徒のお父さんに、岡山県出身の歯科医の方がいます。その人は自分が小学3年生の時、雑誌に出ていたフナの解剖の記事に興味を持ち、親に解剖バサミを買ってもらったのだそうです。

そして、ちょっと残酷な話ですが川に行ってカエルをつかまえ、解剖してみたそうです。解剖したカエルの心臓を取り出してみたらビクビク動いていて感動した。食塩水に浸けると心臓の鼓動が長くもつと書いてあったので、やってみたら確かにそうだった、と話していました。

さらに、2匹のカエルの心臓を取りかえてみたらどうなるか興味を持ってやってみると、まあ当たり前なのですが、2匹とも死んでしまいました。でも、このまま捨ててしまうのはかわいそうだからと、最後はライギョのエサにした、というのです。

この話を聞いて、そこまで実験心に富んだ小学3年生がいるのかと、これまで多くの子どもたちを見てきた私も驚きました。

近年は賛否両論ありますが、こういった**生きた体験ほどすばらしいものはありません。**そうやって自分で興味を持ち、見て、**実際に触れた感覚というのは決して忘れないものです。**それがのちに、人生の豊かな素養となるのは確実です。

脊椎動物や節足動物が何か知っているか

たとえばこういう問題があったとします。

「無脊椎動物のなかの節足動物のなかの多足類は何ですか？」

すると、最後の「多足類」という言葉だけに反応して、「タコ」と答える子どもがいます。

原因は二つ考えられます。一つ目は、言葉理解の不注意で、「多足」だけに反応してしまったことで起きた勘違いです。二つ目は、「節足動物は硬い」という身体感覚を持っていなかったから。小6生でも「タコ」と答える子はいますから、二つ目が原因になっている子も多いと考えています。

でも**身体感覚があれば**、次のように考えることができます。

まずはじめの条件の「無脊椎動物」について、

「無脊椎動物ということは背骨がないんだな。そのなかにはフニャフニャしてるものもいるし、硬いものもいるな」

と思考を巡らせます。そして、

「でも節足動物ということは、その無脊椎動物のなかでも硬いもののほうだな。それで足が多いものはムカデだ」

と答えを出せるのです。

その時、実際にムカデと触れ合った経験があればもちろん理想的です。でもムカデを触ったり、見たりしたことがなかったとしても、日頃から昆虫採集などが好きな子どもなら、姿かたちを想像することはそれほど難しくはないでしょう。

そういうすべてのことが原体験として役立ち、将来その子がどんどん伸びていく要素につながっていくのです。

普段の生活や遊びのなかで知識や感覚を得ることを、私は「体験学習」と名づけています。幼少期は、この体験学習をなるべくたくさん積むように注意をはらってあげてください。

3

子どもの成長に必要なのは親の「雑談力」

お母さんがわが子の情報収集をして状況を把握

「子どもがなかなか集中して勉強しないのですが、どうすればいいいですか」

お母さん方からこんな質問を受けることがよくあります。それを解決するためには、まずはお母さん自身が、**子どもが集中して勉強する時としない時に、どのような差があるか**という情報を集めてみましょう。そしてその原因を、「気持ちの面」と「内容の面」で切り分けて考えてみることです。

子どもが集中して勉強していた時を見計らって、こう質問してみます。

「今日はすごくがんばったみたいね。どうしてこんなにできたのかな？」

さらに集中できていない時には、

「宿題ができていないみたいね。何か困ったことがあった？」

こうやって質問を重ねることによって、子どもの具体的な理由や状況がわかってきます。

たとえば、教科によって集中する、しないという状況が起きているのだとすれば、お母さんが外出している時は、得意教科をやるように導いていきます。計算練習や漢字など繰り返し、定期的にやらなければならない勉強もおすすめです。

反対に、苦手な教科や難しい問題に取り組む時には、お母さんが横についていられるようにするのです。

もし集中できるかどうかが曜日によるのであれば、集中できない曜日は得意科目、集中できる曜日は苦手科目をやるようにします。そうやって学習の仕方を、1週間単位で管理していきます。

さらに、状況を把握するためにこんな質問をするのもいいでしょう。

「○○ちゃんが一人でできることは何かを教えてくれる？」

「どんな勉強を手伝ってほしい？」

この質問のメリットは、お母さんが子どもの様子を理解できるだけでなく、**親の問いかけに子どもが答えることにより、子ども自身も自分の勉強を客観的に見られるこ**

とです。

子どもを激しく責めたてるのは百害あって一利なし

それからもう一つ、**勉強に集中させたいからといって叱咤したり怒鳴りつけたりするのは、まったく効果がない**と覚えておいてください。

時に塾では、ほかの子どもへの見せしめという一種のスケープゴートとして、一人の子どもを激しく叱ることがあります。

「なぜ、前にやったことができないんだ！」

「なぜ、宿題をやっていないんだ！」

そう言われた子どもは、うなだれるしかありませんし、まわりの子どもたちも委縮してしまいます。

それはむしろ、講師自身の力量不足ととらえるべきだと私は思います。子どもの頭に記憶させられなかったことや、宿題をやらせることができなかったことを反省したりするべきでしょう。

私はこれまでに、塾の先生が怖くて塾に行けなくなってしまった子どもを何人も見てきました。その多くは、クラスメートが激しく叱られているのを見て怖くなったことが原因でした。

また、塾に行けなくなることはなかったけれど、「わかったふり」や「宿題をやったふり」をするために人の解答を写すなどする、といった例もたくさんありました。

でもこれは、塾の先生だけでなく、お母さんにも気をつけていただきたいことなのです。

「なぜこんなことがわからないの!?」

「なぜこんなミスをするの!?」

「なぜ勉強に集中できないの!?」

という、お母さんの怒気を含んだセリフは、子どもを委縮させます。

お母さんが子どもを叱るセリフは、多くの場合〝ダブルバインド（二重拘束）〟になっていることがあります。ダブルバインドとは、**ああ言えば叱られ、だからといってこう答えても叱られる。子どもにとって、出口のない詰問**です。
「なぜこんなことがわからないの⁉」と聞かれて、「よく聞いてなかったから」と答えれば、さらに叱られることは当然予想できます。だからといって、「難しいから」と答えれば、お母さんからはまた別の悪口雑言が飛び出してくることも予想できます。このような場合、子どもは口をつぐむしかないのです。

こういうことを繰り返していると、子どもはひそかに反抗心を溜めるようになります。そして子どもによっては、**自分が鈍感になることでそういった状況をやりすごそうとするようになり**、また、お母さんの話には無反応を装うことを学習してしまうのです。

子どもに何度言っても勉強へのやる気が見えない時は、一度、お母さんのセリフを見直されることが必要かもしれません。

4

怒れば怒るだけ結局親が損をする

感情が高ぶった時の〝6秒ルール〟

子どもに「こうしてほしい」という母親の願いを、どのように伝えていらっしゃいますか。

その多くは叱るか、たしなめるといったところではないでしょうか。でも、そういった声かけでは、**子どもは99パーセント、言うことを聞きません。**

「こうでなければダメ」「こうすべき」という言葉は、子どもにとってストレスになるだけなのです。考えてみてください。それは大人だって同じことですよね。

子どもは、直接義務感を刺激されるような言葉を嫌います。ですから、「すべき」ではなく「〜してくれたらうれしいわ」という言葉を使います。

「なぜ?」と聞く時も、怒気を含んだ「なぜ?」は子どもの気持ちを縮こませるだけです。やさしく興味深い表情で「なぜ?」と尋ねてください。

それでも、感情が高ぶってしまった時の対処法をお教えしましょう。とりあえず、**言葉を発する前に6秒待ちます**。そして子どもの顔を見ます。すると、

「うちの子なりに、がんばっているんだけれど」
「あの子なりに、しまったと思っているようだ」
「自信をなくして、ちょっとイラついているのかな」

といったように、この6秒という短期間にさまざまな想いが湧き起こってくるはずです。

そんな母親の様子を見ている子どもは、

「いつも瞬間湯沸かし機のように怒りだすお母さんが、何か考え込んでいる」

と思います。感受性の強い子どもであれば、

「お母さんなりに冷静になろうと努力しているんだ」

というようなことまで感じとるでしょう。

煮詰まって、「○○しないと、□□になってしまうわよ。いいの⁉」と逆説的に言いがちですが、でもその言葉は子どもをイラッとさせるだけです。**子どもの心を考え**

て、**そうあってほしい方向に行くような言葉がけ**をしましょう。正直な言葉をそのままぶつけることが常にいいわけではないのです。

宿題をすぐにやらせたかったら、まずは「お帰り！」

私が家庭教師をしている、ある子どものお母さんはとてもしっかりした方で、会社の社長をしています。その人に、

「子どもはデキの悪い社員のようなものだと思えばいいんじゃないですか」

と言ったら、

「あ、そうですね。よくわかりました」

と、とても腑に落ちた様子でした。

子どもには、**「近未来の成功した自分の姿」を想像させるような言葉を投げかけると効果的**です。今、社会人でも人材育成のためのコーチングが盛んにもてはやされて

います。それと同じ方法です。

学校から帰ってきた子どもに、

「まだ宿題やってないでしょう。もうしょうがないわね。早くやりなさい！」

と怒鳴るのは絶対にやってはいけない行為です。子どもは、言うことを聞きません。宿題をやらせたいのなら、その場にいる子どもに対して、

「お帰り」

と、やさしくその存在を認めてあげる言葉をかけます。そして、

「今日は暑くて大変だったわね」

とか
「雨に濡れて大変だったでしょう」

と、ねぎらってあげましょう。

すると子どもは、母親が自分のことをきちんと感じとってくれている、と実感できます。そしてそのあとに、

「宿題あるんでしょう。大変ね。でも早くできちゃったら気持ちいいんじゃないか

な」

「あなたは頭がいいんだから、ほかの子が何時間もかかる宿題でも、すごく短い時間で解けちゃうもんね」

などと笑顔で言ってあげてください。

それが嘘であっても、そう言われたら子どもだって悪い気はしません。「じゃあ、早い時間で終わらせよう」と前向きな気持ちが高まるものなのです。

そうやって**自己肯定感を上手に子どものなかに育みながら、**自分からやるように仕向けていきます。

5

100均のコンパスは使わせてはいけない

身体と頭脳の動きは互いに関連している

「3つの力（思考力・判断力・表現力）」を持つ頭脳に育っていくために大切な要素の一つは、手先の器用さです。

私の経験として、コンパスや三角定規をうまく使えないのに「3つの力」の素地ができた子はほとんどいません。それは、おそらく身体の動きと頭脳の動きが互いに関連しているからだと思います。

「ここに一つの定規を置いて、こうすべらせると平行な線になるな……」という、イメージを先行させてとらえる時に、脳は、自分の指がこう動いたり押さえたりしているという**〝身体イメージ〟のリハーサル**をしています。この、身体イメージのリハーサルをうまくこなすために、リアルな手先の器用さが必要になるのです。

そういう話をすると、

「うちの子はダメだわ」

とあきらめるお母さんもいるかもしれませんが、あきらめる前に、子どもにはぜひ質のいいコンパスを買ってあげてください。

質の善し悪しによって、コンパスは本当に使い勝手が違います。支点のところがガタガタしているコンパスや、針を突き刺したのにツルンと滑ってしまうコンパスを使っている子どもは、円を描くことを「難しい」と感じてしまいます。自分の指がスムーズに動いてきれいな円が描ける、という自己イメージを持てなくなってしまうのです。

しかも、描いた円や補助線が歪んでいると、そういう**視覚的要素だけで、答えを間違ってしまうこともある**のです。

小学生にも、ぜひ製図用のきちんとしたコンパスを持たせてあげてください。

包丁を使うのが下手で料理が苦手だと思っていたのに、切れる包丁を使いはじめた途端、腕が上がるというのもよく聞く話です。

器用になるためにも、幼い頃から家庭菜園や料理、日曜大工や工作などさまざまな経験をさせてあげることも大切です。

6

過剰な教育熱心さが子どもの芽を摘む

家庭の雰囲気が明暗を分ける

家庭教師の私は職業柄、今までさまざまな家族の姿を見てきました。その経験上、この子は伸びるだろうなと思う家庭には共通点があります。

それは、リラックスした雰囲気に満ちているということです。もっと簡単に言えば、家族の雰囲気が明るいんですね。**ご両親のコミュニケーション能力が高く、そのため家族全員の表情がいきいきと輝いている**のです。

反対に、これはちょっとよくないな、と感じる家庭もあります。

お母さんのイラ立ちが家に充満している家庭——と言えばいいでしょうか。子どもへの一言一言に何かトゲがあり、お母さんの表情にも子どもの表情にもこわばりがある……そんな家庭です。

確かに、お母さんは毎日が大変です。子どもと日々向き合っていると、ついついイラ立つことが多くなります。

「何度言えばわかるの！」

「何してるの！　静かにしなさいって言ったでしょ！」

こんな言葉が口癖になってしまうのもよくわかります。

でも、ふざけたり、だらしがなかったり、時に失敗したり、嘘もついたりするのが、そもそも子どもというものではないでしょうか。

教育熱心な母親ほど子どもの未来にレールを引きがち

偏った教育熱心さを持つお母さんは、**先回りして子どもの未来にレールを引きがち**です。しかもそのレールの幅が狭いことが特徴です。勉強も遊びも、親がいいと思ったことだけをやらせて、日々机に向かわせます。そして、有名大学や一流企業に入ればもう人生は安泰だという、今の日本にはそぐわない考えを持っていらっしゃるようです。

でもそれが、**本来は可能性を秘めている子どもの未来を狭めている**ことに、気づいてほしいと感じます。しかも、お母さんの先回りは高校受験や大学受験でも、ほとんどの場合マイナスに働きます。

昨今進歩したＳＮＳや「ママ友」の間での情報交換が頻繁に行われていますが、これも問題です。例えば「○歳までに分数計算ができないといけない」「桜蔭に合格するには××の参考書が必要だ」などなど。そもそもエビデンスのない噂話なうえに、そのやり方はＡさんの子には合っているかもしれないけれども、Ｂさんの子には合わないかもしれない。誰かの成功体験が、まことしやかな事実として伝わり、「お受験ママ」たちはそれらの情報に振り回されてしまうのです。

しかし、本当に大切なのは他の子どもとの比較ではなく「わが子なりに」順調に伸びていることを冷静にとらえることです。中学受験後も続く学習を見据えながら、目前の中学受験を成功させるためには、どこをより伸ばしてやればいいのか。そこをきちんと把握することが親の役割です。

ある小学6年生の女の子がいました。電磁気の単元を勉強していたのですが、簡易モーターに関する問題がどうしても解けません。

そこで私はエナメル線（銅線）、クリップ、紙やすり、消しゴム2つ、丸い磁石、電池と電池ボックスをＤＩＹショップで買って、簡易モーターをつくるという宿題を出しました。

翌週その家に行くと、

「先生できたよ、これこれ！」

と、その女の子は大はしゃぎです。でも、前日まで回っていたというモーターが、その日はまったく動きません。乾電池を新しいものに換えてもダメでした。女の子は今にも泣きそうな顔になっています。

実は、その理由は明らかでした。電池ボックスやクリップに巻き付けた銅線がサビはじめて、電流が流れにくくなっていたのです。

「ここにハンダをつけると銅線がサビないから、モーターが回るんだけどね」

と、その時は説明だけしました。

次にその家へ行くとハンダごてとハンダ、そして先週うまく回らなかった簡易モーターが置いてあります。女の子はうれしそうに、

「先生がハンダを使うといいと言ったから、お母さんに買ってもらったの」

と言います。私自身、実は学生の頃からオーディオマニアです。真空管アンプも自分でつくっていましたから、もうハンダづけは得意中の得意です。

ものの数分でハンダづけが終わり、電池を入れると、簡易モーターが回りはじめました。

「やったー！　先生、ありがとう！」

本当にうれしそうな笑顔でした。その後、この女の子は電磁誘導やモーターについて完璧に理解できるようになったのです。

何より私がすばらしいと思ったのは、**子どもがとりあえずやってみることに対して、ブレーキをかけないご両親の姿勢**でした。

小学6年生の女の子がハンダごてをほしがるのは大変にめずらしく、普通の親だっ

たら、

「そんな時間があるなら、勉強しなさい」

という常套句を口にしがちです。でもそんなことは一切言わず、**ご両親は子どもの好奇心を大切にしたの**です。

この女の子は理系の大学を目指して、今も日々楽しく勉強しています。

子どもにチャンスを与えても、決して強要しない

もちろん、親が子どもに進むべき方向性を示してあげることはとても大切ですし、それは親の務めでもあると思います。

でもそれは決して、子どもに親の望む生き方を押しつけることではありません。

親は大きな方向性だけを示し、子どもが自分で人生を選び取り、切り拓く力をつけさせてあげるのが理想的です。

親が子どもの可能性を上手に広げた好例を、もう一つ挙げてみましょう。

私と一緒に、家庭教師として働く後輩がいます。中学も高校もすべて公立ですが、現役で東京大学に合格し、数学科を卒業した、とても優秀な男です。

その彼が算数を好きになったきっかけは、小学4年生の時に親から与えられた1冊の薄い問題集でした。親からは、「この問題集をやりなさい」と、強要されたわけではありません。

「もしよければやってみれば」

と、あくまで気軽な感じで渡されただけでした。でも彼はその問題集に興味を持ち、自分の意志で取り組み、そして算数の問題を解くことの楽しさを覚えたのです。

もし小学生の時にその1冊の薄い問題集と出合わなければ、おそらく今の彼は存在しなかったでしょう。

このように、親は「もし子どもが興味を示せばしめたもの」くらいの気持ちで、さまざまなチャンスを子どもに与えてあげてほしいのです。宇宙の美しいイラストが掲載されている科学雑誌、近代文学の名作などをさりげなく、目につく場所に置いておくのもいいでしょう。

ただしその際、決して無理強いをしてはいけません。もし**子どもが関心を持たなければ、それはそれでいい**のです。

親が子どもに決まった狭い道を強要しないメリットは、もう一つあります。

それは、可能性が（無限に）広がることです。子どもを育てる過程においては自分の思いどおりにいかないことが多く、さまざまなことが起こります。でもそんな時にこそ、新たな可能性のドアが開かれることが多いのです。このようなことをあらかじめ理解しておいていただければ、子どものするたいていのことは、笑ってやりすごせるようになります。

親のメンタルを健康的に保つためにも、親子のスムーズなコミュニケーションを維持するためにも、子どもの未来に幅広いレールを想定しておくのはとても有効です。

7

勉強習慣の間違いが将来役に立たない大人をつくる

暗記学習では応用問題に対応できない

今の子どもたちの勉強は、暗記が中心になりがちです。「繰り返して暗記しなさい」という言葉にしたがって4回も5回も解けば、さすがに子どもも正解を出せるようになります。でもそれは、塾や学校の多量の宿題をこなそうとするために、「とりあえず公式にあてはめてみる」という学習にもつながってしまいます。

塾の教師や親は、それで一つの段階をクリアできたと考えます。そうやって基礎問題が解けるようになれば、やがて自然に応用問題も解けるだろうという考えです。

でも、そうはいかないのです。

応用問題が解けるには、**「どうしてこうなるのか」という理由がわかり、「もしこうだったらどうなるのか」を想像できる力が必要です。**繰り返しの暗記学習では、このどちらも身につけることはできません。

「繰り返すことで暗記した内容」は、知識の断片を脳のなかに形づくります。でもそれは、たとえるなら離れ小島のように脳のなかに点在しているだけです。

ところが、**物事の本質や意味を理解したうえで知識を習得すると**、離れ小島の状態とはまったく異なります。過去に覚えた知識に新しい知識をつなぎ合わせながら記憶することができ、それを大脳に定着させていくので、**記憶の深度がまるで違う**のです。

偏差値の高い子が落ちるなど、中学受験が変わりはじめた

ところで近年、中学受験の世界が変わりはじめています。塾内のテストで偏差値の高い子どもが受験に失敗するケースが増えはじめました。

その理由の一つとして、中学校側の出す受験問題の変化があります。中学校は、自分でものを考えることのできる本質的に頭のいい子、つまり3つの力を持った子をほ

しがりはじめています。

それはたとえれば、「東大の二次試験理系の数学入試問題に対応できる子」です。東大二次の理系数学の問題のほとんどは、試行錯誤を経てやっと解法の糸口が見え、予測にしたがって確実に解いていくこと、つまり「予測↓実行↓チェック」が求められています。それとそっくりの、表現が変わっただけの問題が、中学受験に出題されたりするのです。

一般的な塾のテストや市販の問題集には載っていないタイプの問題ですから、公式にあてはめる方法は使えません。**「考えることで何かを見つけ出す力」が必要**ですから、塾内テストの偏差値はアテになりません。

新しい問題が出題されるたびに、中学受験を指導する大手塾は対応に追われます。新しい問題を新しい解法パターンとしてテキストに取り込み、生徒に何度も解かせることでどうにか受験をクリアさせようとします。新しい解き方を「暗記」させようとするのです。

でも、そういった大手塾のやり方についていける子は、年々減っていくと考えています。解法パターンが多すぎて問題を解くことだけに追われ、頭に収納しきれない状況に子どもたちを追い込んでいるという見方もできると思います。

そして、解法パターンの**暗記作業に追い詰められた子どもたちは、考える習慣をなくし、理解することの快感を持てなくなる。**結果的には、そういった子どもをたくさん生むことになるのです。

8

「勉強すればするほど成績が伸びる」はウソ

親が陥りがちな「何度も解きなさい」幻想

もし、今まで子どもにかけてきた時間やお金が、その子自身の能力や成績の伸びにつながらない場合は、**そのやり方が間違っている**と思ってください。

親のなかには、猛勉強さえさせれば成績が上がると考えている人がたくさんいます。でも、**勉強量と成績の伸びは必ずしも比例しません。**勉強の質も大切な要素です。

たとえば、子どもを塾に通わせている親御さんの多くが陥りがちなのは、少しでもたくさんの問題を解かせようとすることです。塾から帰ってきた子どもが、今日習った知識をきちんと身につけたかどうかわからないうちに、それと似た類題を解かせる。その時の子どもたちの解き方を見ると、ほとんど問題文を読んでいません。「このあたりの数字と、あのあたりの数を引いて、それをこっちの数で割れば……」という、あいまいな記憶に基づいた解き方をしています。この問題では「何がわかっているか？（仮定）」と「何を聞かれているか？（結論）」を確認することで、結論までの過程を考えることができるのですが、それがスッポリと抜けています。

ベストな復習は、頭のなかで今日の授業を再現すること

でも、考えてみてください。類題というのは、その問題の解き方をしっかり理解できたと思った後に、その理解度のチェックとしてやってみるから意味があるのです。ですから、大切なのは、**塾から帰ったら、頭のなかですぐに今日の授業の再現をすること**です。問題文を読み、ノートの書き込みを見て、先生からどのような説明を聞いたか、**自分がどのように納得したか**を思い返していきます。

その時には、この問題ではなぜこの式を使うのかという問題の本質をとらえるようにします。それをきちんとやらずにただ繰り返し演習をしても、しばらくは覚えてい

ますがやがて忘れてしまうので、思うように学力が向上しないのです。

「勉強は長い時間、一生懸命やっているのに成績が上がらない」

「復習テストでは成績がいいのに、総合テストになると点数が取れない」

という子どもは、この、**問題の本質をとらえるという時間を省略してしまっている**のです。

9

「理想的な親」より「成長する親」をめざせ

親の成長曲線と子どもの成長曲線はぴったり重なる

真面目な人ほど、理想的な親でなければならないというプレッシャーを感じがちなものです。でも**完璧な親、立派な親になんかなる必要はない**と、私は声を大きくして言いたいと思います。

たとえば子どもに、「なぜ？」と聞かれたのに答えを知らないとしましょう。そんな時、どうしていますか。

返事ができないことを親として恥ずかしいと感じる人は多いでしょうし、間違っているかもしれないと思いながらも「それはこうなのよ」と、とりあえず答える人もいるかもしれません。

その場合の理想的な答えはこうです。

「どうしてなんだろうね。よく気がついたわね。お母さんも知らないわ。今度、一緒に調べてみようね」

知らないことは決して恥ずかしいことではありません。世の中は未知のことであふれています。それを**子どもと一緒に学べばいいのです**。そういう私自身も日々、新たな発見の連続です。

大切なのは、豊富な知識を持っているかどうかではなく、**「学びたい」という親自身の姿勢を子どもに見せること**です。そんな知的好奇心にあふれた親の背中を真似しながら、子どもは成長していきます。

親の成長曲線と子どもの成長曲線をグラフにすると、多くの家庭で重なるものだと思います。**親の成長が右肩上がりなら、子どもの成長も右肩上がりなのです**。そう、子どもを育てることは、自分を育てることでもあるのです。

親も全身で「なぜ？」を表現する

私がいつも話すのは、子どもの「どうして？」「なぜ？」という言葉を大切にしてほしいということです。

子どもが「なぜ？」という質問をはじめるのはだいたい小学1年生頃からです。それは**子どもの頭のなかに、思考する力が芽生えはじめる頃でもあります**。

上手な刺激を与えると、そんな時期の子どもの能力は、若芽が水分や養分を吸い上げるようにぐんぐんと成長していきます。「なぜ？」はその絶好のチャンスなのです。

「なぜ？」が少しでも多く出るよう子どもを仕向けるためには、親自身が「なぜなんだろう？」といつも疑問に思うこと。「なぜなんだろうね？」と子どもに問いかけることです。

たとえば散歩をしている時に、

「なぜ飛行機雲ができるんだろうね？」

という語りかけを意識的にします。**その時の親の表情や口調が「どうしてだろう」「本当に知りたい」という好奇心に満ちたものなら**、もう完璧です。

また、もし子どもに本を読ませたいなら、親自身が読書を楽しんでいる姿を見せるのが最も簡単な方法です。また、子どもは父親や母親の本棚に並んでいる本の背表紙を見て育ちますから、それを意識して本をそろえるようにするのも一つの手でしょう。


反対に、最も避けてほしいのは、たとえば勉強を子どもに教えて、

「どうしてこうやるの？」

と聞かれた時に、

「だって、お母さんはそう習ったもん」

「こうやって覚えればいいのよ」

と答えることです。自然に湧いた疑問の芽をつぶすようなこんな言い方では、**子どもの好奇心はそこで途絶えてしまいます。**

――母親が興味を持つと、子どもも触発される

ある小学6年生の男の子がいました。その子が中学受験をするにあたり第1志望にしていたのは、理科で記述問題を多く出す学校でした。ある時、この男の子のお母さんが、

「この学校に受かるためには、幅広い理科の素養や雑学があるほうがきっと有利ですよね。何かいい本があれば教えてもらえませんか」

と聞いてきました。

その頃、私は当時ベストセラーとなった『生物と無生物のあいだ』(講談社現代新書)という、生物学者の福岡伸一さんの著書を読み終えたばかりでした。この著書で、福岡さんは生物学研究者の葛藤を書いています。その点が他の生物学の本とは大きく異なっていて、とても興味深かったのです。

その本を読みながら、私が高校生だった頃に奈良女子大学出身のおばあちゃん先生が、生物の授業で「DNAの二重らせん構造」の話をしてくれたことを思い出しました。それは当時発見されたばかりで、興奮気味に話す先生の様子を見ているうちに、私は生物という教科が好きになりました。

６年生には少し難しいんだけどな、と思いながらも、私は『生物と無生物のあいだ』をすすめました。

するとそのお母さんが、

「実はまだ読んでいないのですが、おもしろそうだと思って私も数日前に買ったばかりなんですよ」

と言いながら、その本を机の上に置いたのです。

大学は文系学部出身だそうですが、理系への興味をずっと持ち続けていたといいます。確かに、その家の本棚には、生物学や地球物理学の新書が何冊も並んでいました。

翌週、再び訪れた時には、お母さんのほうはすでに読み終わっていて、

「おもしろかったですね」

と楽しそうに話していました。

それからというもの、息子さんに理科の授業をすると、**お母さんも、子ども以上に熱心に話を聞いています**。すると息子さんも、私の脱線だらけの授業に自然に食らい

ついてくるようになったのです。

これは**母親の好奇心が子どもの好奇心を育む**、まさにお手本と言える例です。

10

文系の親がよく間違える「がんばって覚えればなんとかなる」という盲信

記憶の器は小6までではぼ満杯になる

母親のなかには、自分の成功体験を子どもに押しつける人がいます。その成功体験とは、

「お母さんは大学入試の時に、とにかく暗記をがんばった。日本史と英語を1日5時間ずつ暗記したのよ。それで絶対無理だと思っていた大学に受かったの。今のお母さんがあるのはそのおかげよ」

というものです。これは、特に文系の人に多い傾向です。大学に進学する女性のうち8割は文系ですから、世の中にはこういった親の比率がかなり高いことが予想されます。

そういう母親は、**「勉強=がんばって覚えること」**だと思いがちです。だから、

「繰り返しやりなさい」

「わからなかったら、何度も何度も解きなさい」

と、子どもに自分がかつて受験で経験した（そして成功した）やり方を押しつけようとします。

実は、そういう勉強法でも小学4年生頃までは成績が上がります。ただ、それがいつまで続くかは、子ども自身の記憶の容量によって違いがあります。

小学4年生でもう記憶の器が満杯になってしまう子どももいれば、小学5年生あたりで限界に達する子もいます。そして、**小6ではほぼ全員の子の記憶の器が満杯になります。**

中学受験では、そんな暗記力だけで何とか合格できる学校もあります。一方で、暗記力だけではとても無理なところは、男女の御三家、渋谷教育学園幕張、渋谷教育学園渋谷、海城、栄光、筑波大学附属駒場、灘、東大寺学園など、30校はあるでしょうか。それ以外の中学校では、記憶の器から知識がポロポロとこぼれ落ちている状態でも合格できてしまうことがあります。ですから、大量演習繰り返し型の塾からも、多くの合格者を出すことができるのです。

脳の容量を補う「つながりの理解」

そんな暗記を中心に勉強した子どもが、受験を経て、中学校へ入学したとします。**中学生になると「本質を理解したいと思う意欲」が必要になる**にもかかわらず、そういった学習法を知らない子どもは、相変わらず片端から覚えていこうとするのです。

しかしその勉強法は、高校になると、かならず限界を迎えます。学習内容が本格的に高度になり、「とりあえず覚えておこう」では通用しなくなるからです。

そういう子どもはもう暗記では対応できない理数系を捨てて、受験できるところを探すしかありません。私立大学の文系には、そういった学生があふれています。

早稲田大学が、文系学部の入試に数学を課すようにしたのは、大学なりの危機感の表れだと考えています。

ちょっと未来の話になってしまいましたが、限られた時間の中では、人間の記憶容量には限界があると私は思っています。

パソコンのデータに容量があるように、勉強も、何もかも覚えようとすると、やがて脳の容量はいっぱいになってしまいます。では、それを補うのは何かというと、「つながりの理解」です。ある物事と、ある物事のつながりを理解し、そのつながりの中で覚えていくようにすれば記憶量の限界に対応できるようになります。

詳しくは後述しますが（145ページ）**つながりを理解すると、記憶の容量は10分の1、あるいは100分の1ですみます。**加えて、覚えるのが早くなり、物事が関連づけられて記憶されているので忘れづらくなります。

11

「今日学校どうだった?」「楽しかった」は良くない会話

親子の会話は文章で話す！

コミュニケーションが下手な家庭の多くは、文章ではなく、単語で会話を交わしているのが特徴です。

「今日学校どうだった？」

「んー、別に」

または、

「楽しかった」

と、必要最小限の言葉だけで会話をしていないでしょうか。

親子の会話は、単語ではなく文章で話そうと意識することがとても大切なのです。

たとえば、

「○○くんと○○くんと一緒にサッカーをして、すごく楽しかったよ」

と答えられるようにしなければなりません。ここで気をつけたいのは、日頃の父親と母親の会話です。実は大人同士も、知らないあいだに単語だけで話していることが多いのです。

「何時に帰る?」
「7時」

などという会話を朝、交わしていませんか。さすがに今時は「フロ」「メシ」「ネル」だけではないと思いますが、子どもは大人の行動をとてもよく見ていますから、注意が必要です。

夫婦には〝あうん〟の呼吸があり、簡単に通じるから単語だけでもいいと思う人もいるかもしれませんが、思考訓練が必要な時期の子どもには、それは大きなマイナスとなります。**語彙は、日々の暮らしのなかで自然に身についていくもの**だからです。

最近は、幼いうちから子どもに英語教育を施そうという傾向もあります。でも、母語である日本語の能力を超えて、別の言語である英語は理解できません。

英語教育以前に、国語教育、もっと詳しく言えば、日本語を使った思考訓練が必要だと考えます。そして、その基盤となるのは家庭内の会話なのです。

聞き上手でなければ勉強は伸びない

日頃の会話だけでなく、**勉強の時に自分の言葉で話す訓練をする**のもとても有効です。ある問題を前にして、子どもに、

「何がわかっていると思う?」

「何を聞かれていると思う?」

「どんな方法で解けると思う?」

と質問し、子どもは文章で答えるというルールにするのです。

「速さ」という単語だけではなく、「Aくんが出発した時の分速と、10分後に出発したBくんの秒速がわかっている」と答えられれば、あとは子どもが自力で解いていくことができます。なぜなら**文章にして話すことで、子どもの考えも自然に整理されて**

いくからです。

もう一つ、話をする時に欠かせないのが、**相手の目を見ながら話を聞く**ことです。

最近、私が強く実感しているのは、「**聞き上手な子どもほど、勉強は伸びる**」ということです。

きちんと人の話に耳を傾けられない子どもは、どうしても情報を聞きもらしてしまいます。大事な要素をまだ聞かないうちに、勝手に自分なりに解釈して違う方向から考えはじめたり、問題を解きはじめたりしてしまうのです。

「**3つの力」を育む基礎としても、聞き上手であるのは大事な要素**と言えます。

そして子どもを聞き上手にさせたいのであれば、母親自身がお手本にならなければなりません。どこか別のところを見たり、ほかのことをしたりしながら子どもに話すのではなく、きちんと子どもに向き合って語りかけてください。

そうすれば、子どもも自然に母親のほうを向いて話すようになります。それでも子どもが相手である母親を見て話さない場合は、

「ちゃんとこっちを向いてね」

と注意しましょう。

会話というのは、決して言葉だけで成り立つものではありません。表情や目線などの非言語コミュニケーションの役割も、とても大きいのです。

12

親の成功体験の押しつけは逆効果

父親は子どもの勉強に手を出すな

「父親はどのように子どもの教育とかかわっていけばいいのか」との質問を受けることがよくあります。以前は、「お父さんは、子どもの教育に一切口出ししないでくださ い」と言っていましたが、共稼ぎも増えた現代では、多少改める必要があると思います。しかし、厳しい言い方になりますが、父親は「勉強」に関わってはいけないと考えています。

特に注意していただきたいのは、**父親は自分の大学受験に向けた勉強を基準に、子どもの勉強をとらえがちだという点です。大学受験は、知識量と学習量がモノをいいます。大量な知識をインプットすると、自動的に過去に収納された知識につながるという高校生の頭脳の恩恵を受けていたのです。**また、数学と算数では頭の使い方が異なります。数字を式に代入し、後は計算処理で自動的に答えが出せるのが数学だと考

えていらっしゃる方が多いのではないでしょうか。

しかし、そのやり方を小学校の算数に持ち込んでもダメなのです。小学校では、難しい公式もXもYも出てきません。これまでに身につけた限られた範囲の算数の知識を駆使して、試行錯誤しながら問題を解答しなければならないのです。父親が大学受験のつもりで指導しても子どもは理解できないし、知識にもつながっていきません。そうしているうちに、子どもの成績の伸び悩みが始まってしまいます。

「誰をどうほめるか」のテクニック

子どもに対して父親は、結果の良し悪しではなく、「これまでの頑張りや行動」自体をほめてあげるほうが有効です。「勉強」より家庭や社会の規範などを指導し、ひとりの人間を「教育」しているという意識で接することが、父親の重要な役割です。

一方、母親、つまり自分の奥様に対しては、自分の手が回らなかったことがあったら素直に反省して謝り、ねぎらってあげましょう。

理想的な父親の立場は、母親のメンテナンスに徹することです。母親をねぎらい、ほがらかに日々を過ごせるように心配りをしてあげてほしいのです。

いつも直接子どもとかかわっている母親は、多くのストレスを抱えています。だから父親には、

「今日は忙しかったな。お疲れ様」

と、奥様に言ってあげてほしいと思います。

父親が母親をねぎらうと、そこで心を癒された母親は、

「あなたもよくやったわね」

と、今度は子どもをねぎらうことができます。それにより家庭の雰囲気が穏やかになるのです。

反対に、もし母親が子どもに対して
「どうしてこんなこともできないの！」

などと怒鳴っていたときに、父親がそこに便乗してはいけません。特に２０２０年

はリモートワークなどで、家族全員が毎日自宅で過ごすこともありました。始終顔を突き合わせていると、多かれ少なかれ家族全員のイライラがつのって雰囲気が悪くなりかねません。

子どもを叱るという行為は、基本的に子どもを信用してないか、自分たちの育て方に自信がないかのどちらかです。結局、叱ることで、夫婦たち自らの自己肯定感を満たそうとしているのではないでしょうか。親は自分たちが子どものときにどうだったかを振り返り、子育てに対しても心のゆとりを持つことが大切です。

だから、母親が叱っていたなら、父親は子どもにこんなふうに声かけをしてあげましょう。

「どこか、つまずいているのかな」

「ここを間違ったんだね。惜しかったな。でも、こんなところで点数を下げるのはもったいないから、次は気をつけような」

たとえ点数がよくなくても、結果に対して文句を言うのではなく、過程や経過を認めてあげるといいですね。

そして母親には、

「もう少し見守ってあげよう」

と語りかけ、クールダウンするよう促します。

父親は、冷静な目で家庭全体を見守る存在でいるべきです。

子育ての方針をきちんと統一しておく

また、夫婦で話し合いをし、進路などについても意見を統一しておきましょう。夫婦でしっかり方向性を定めたうえで、直接子どもの勉強にかかわるのは母親、という形が理想的です。

いちばん効果的なのは、次のような方法です。

たとえば、私立中学に行かせる、行かせない、という話し合いなら、
1. 私立中に行かせた時のメリットとデメリット

2. 公立中に行かせた時のメリットとデメリット

この二つを二人で協力して書き出していくことで、意見の統一が図れるようになります。お試しください。

13

「算数ができる＝《イコール》頭がいい」わけじゃない

本質的な頭のよさは脳の動かし方で測れる

「算数ができる＝《イコール》頭がいい」と感じていらっしゃる方は多いのではないでしょうか。確かに一部の能力が高いことは間違いないのですが、実は、そうとばかりは言い切れません。

学習のムダをなくし、できるだけ効率的に問題を解くために、算数ができることはとても意味のあることです。でも、それは**本質的な頭のよさとはあまり関係がない**とも言えるのです。

本当の頭のよさは、たとえば、テストで初めての問題に挑戦する時に現れます。これまでに習ったどんな方法が使えそうか、自分なりの仮説に基づいて解きはじめてみる。途中で、このまま解き進めてきちんと正解にたどりつけそうか、そうでないかの予測をする。今度はその予測に基づいて、解き方を変えたり、修正したりを繰り返す。

　このような**脳の動かし方ができることこそが、「頭のよさ」であり、「3つの力の持ち主」の特徴**なのです。

「使える知識」がどれだけ脳に定着しているか

　ここで言う仮説は、子どもの頭に入ってくる新しいさまざまな知識が、学習やテストで「使える知識」として脳に定着し、蓄積されたものがベースになります。ということは、**いかにたくさんの「使える知識」が脳に定着しているか**がポイントになるのです。

　そのメカニズムを考えてみましょう。

　本を読んだり人から話を聞いているときに、「**あっ、そうだったのか！**」「**なるほど！**」と感じたことが、親御さんにもたくさんあると思います。こんなふうに、**大き**

な感情の変化や快感をともなって頭に収納された知識が「使える知識」です。

過去に、頭に入れ込んだある知識に、ふとしたことで新たな知識がつながった時、「あっ、そうだったのか！」とか「なるほど！」という気持ちが湧き起こります。「ハタと膝を打つ」ような感覚ですね。

この**「知識のつながり」を続けていくことで、脳のなかのネットワークが広がり、複雑に交わり合っていきます。**

そのようにして脳に定着した知識はとても強固で忘れにくく、また、すぐに思い出すこともできます。

海面に浮かぶブイは、その下に漁網が広がっているという目印です。一つのブイを引き上げると、沈んだ漁網が次々に姿を現します。

それと同じように、一つの事柄を思い浮かべると、つながりのある知識や考え方を次々と思い起こすことができるようになる。つながり合った知識や、そういった知識同士をさらにつなぎ合わせて記憶させようとする学習が、頭のよさをつくっていくのです。

14

勘だよりの子は小5で失速する確率大

問題を解きながら「予測→実行→チェック」する力をつける

小さい頃は神童だったのに、中学や高校に行くと普通の成績になってしまったという声をよく聞きます。「昔天才、今凡人」というのは、生まれながらにすぐれた直観力を持っている子の場合が多いようです。

子どもの個性はさまざまですが、なかには**勘のいいタイプ**というのがいます。そういった子は、瞬間的に物事を判断するのがとても得意です。**低学年のうちはその勘だけを使って成績も上位に入ってきます**。

ですが、それで自分の子どもは「頭がいい」と思っていると、**かなり高い確率で、小学5年生頃からどんどん失速してくる**ことがあります。

なぜなら、問題の質そのものが変化するからです。受験勉強ですら、小学4年生くらいまでの問題はとてもシンプルですから、勘を使って解いても何とかクリアできます。子どもが予想することと、題意がほとんど同じだからです。

しかし小学5年生になると問題そのものが一気に複雑化するので、きちんと思考を積み重ねないと答えられなくなってきます。

さらに、6年生の2学期頃になるともう一段階、問題が難しくなります。それまでは
「この問題の解き方を知っていますか？」

「この知識を覚えていますか？」

ということを問う出題がほとんどだったのに、その頃になると、

「この問題の解き方を見つけることができますか？」

という趣旨のものが増えてきます。

勘のいい子は答えますが、「正しいと思う自信は？」とたずねると「20％」と言います。子ども自身が正解ではないかもしれないことをわかっているのです。

そういう難問を解くためには、いくつかの段階が必要になります。

問題を読んだらどんな解き方を使えばいいかを予測し、一つの段階がすんだら、次

は何をするかを自分でまた考え出していくのです。「はじめに」でもお話ししましたが、その作業を私は**「予測↓実行↓チェック」**と呼んでいます。

そういった「予測↓実行↓チェック」の作業は、まさに3つの力を鍛えるトレーニングそのものです。私たち大人の仕事でもまったく同じ力が求められ、社会に出てからも役に立つ思考方法だと申し上げました。

「予測↓実行↓チェック」する力を身につけさせるには、まず「読み方の指導」と、「何がわかっていて（仮定）」「何を聞かれているか（結論）」をとらえる訓練からはじめます。

その後、子どもに「**何を書けば解けそうに感じる？**」と、繰り返し聞いてあげることで、予測する力をつけるというように、階段を一段一段上っていくような導きが大切です。

子どものスランプの原因はさまざま

子どもなりに勉強をがんばっていても、時にはスランプに陥ることもあります。

そんな状況のなかで

「真剣にやりなさい」

と言っても、

「ちゃんとやってるよ！」

という反抗心を芽生えさせるだけです。

子どもへのアドバイスは、できるだけ具体的に、子どもが実行しやすいように言ってあげてください。

スランプの原因は本当にさまざまです。なかには、「そんな些細なことか！」と大人が思うようなことが原因になっていることもあります。

たとえば、**問題用紙と、それに向かう子どもの目の位置関係も、思考に大きく関係**しています。解き方が見つからない時は、問題用紙を正面に置き直して、目の位置と問題との物理的な距離を少し変えてみると効果的ですので、ぜひ試してみてください（204ページ参照）。

15

「てにをは」を使える子どもは論理的思考ができるようになる

接続語が使えるのは論理的思考ができる証拠

「てにをは」を上手に使える子どもは算数ができると言うと、驚く人は多いかもしれません。でも30年以上にわたって数々の子どもたちを見てきた私の経験上、算数ができない子どもの多くは「てにをは」をうまく使えないのです。

そういった子は「ある数を○で割る」ことと、「ある数で○を割る」ことの区別がつきません。この場合、「を」と「で」を読み違えると、問題そのものが変わってしまいますよね。

大人にとっては混同するはずがないと思うような簡単なことが、小学生にとっては難しいケースもかなりあるのです。なかには小学5年生になってもまだ間違える子どももいます。実際、

「うちの子は、数字を適当にかけたり割ったりしているだけのようなのですが」

という相談も多いです。そういうミスをする子どもたちの話を聞いていると、論理的思考が育まれていないために、**日頃の会話も「を」や「で」を正しく使うことができません。**

接続語には、さまざまな種類があります。予想したとおりのことが起きた時に使う「そして」「そこで」「それで」。時間の経過を意味する「それから」「そうしたら」。さらには原因や結果を表す「だから」、仮定を表す「もし」「たら」「なら」などなど。

こういった**接続語をきちんと使って話せる子どもは論理的な思考ができているため、ほとんど例外なく算数ができる**のです。

中学生、高校生になれば証明問題が出てきて、「ゆえに」「よって」「なぜなら」「〜と仮定すれば」……という接続語を正しく使いこなさなくてはならなくなります。

幼い頃から接続語を意識させることは、中学生、高校生になってからの学習のための大切な事前準備にもなっているのです。

たとえば、**「そこ、ティッシュ、取って」ではなくて、「そこのティッシュを取って」**と言ってあげてほしいのです。「てにをは」をきちんと理解して文章を正しく読む力をつけるために、親御さんは普段からできるだけ接続語を使って話すようにしてください。

16

九九が言えても
それだけでは不充分

慣れて、理解できて、初めて脳に定着する

自分の子どもはもう九九ができると思っているお母さん方は多いでしょう。しかし油断は禁物です。**正確にすべて覚えているわけではない子どもは、決して少なくありません。**虫食いのように、いくつかの記憶が抜け落ちてしまっているのです。

でも、たとえ思い出せなかったとしても、対処法を知っていれば補うことができます。

7×8が言えなくても、7×7がわかっていれば、

「7×7は49だから、それに7を足せばいいんだ」

と、考えられるかどうかです。

そのために必要なのは、「熟練」と「思考」です。

「熟練」は、とにかく数字を自由に使えるように基礎的なことを訓練することです。

九九を日々、繰り返し唱えて覚えることもこれにあたります。

大工さんも、カンナやノコギリなどの基本的な使い方が訓練できていなければ家を建てることはできませんよね。でも、かと言ってそれだけでは家は建ちません。もう一つ必要なのが「思考」です。これは、

「5×4の意味は何？」

と尋ねたら、

「5を4回足すこと」

と、答えられるようになることで、つまり、**かけ算の〝意味〟を理解することで**す。

繰り返し唱えることで慣れて、さらに理解ができて初めて、九九が子どもの脳に定着したと考えていいでしょう。

ちなみに計算問題で、かけ算はいいけれど**割り算になると急にスピードが遅くなる子のほとんどは、九九の不慣れが原因**です。

45÷9を計算する時には、瞬間的に9×5＝45を思い浮かべる必要がありますが、割り算が苦手な子は、その時に9×1＝9、9×2＝18……と、順に言っていかないと答えの5を見つけられない程度の「熟練」度で止まっているからです。

ほんのわずかでも**九九のミスがあったり、割り算が遅い場合は、100マス計算に戻る**ことをおすすめします。これは、たとえ小学6年生であっても有効な方法です。小6生であれば1カ月、小5生なら2～3カ月、小4生なら半年ほどを目安にやってみてください。

硬貨などを使って数を視覚化して訓練する

もし子どもが数を扱うことが自体が苦手であれば、私は視覚化することをすすめています。

たとえば8－□＝2の答えがわからないなら、1円玉を8個机に置いて考えさせます。硬貨を使っての学習は、十進数の感覚を身につけさせるうえで効果的です。

1円玉と10円玉を用意します。

「この10円玉1枚を交換するとしたら、1円玉はどれだけ必要？」

と聞いて、10枚用意できれば正解とします。

大人にとっては当たり前でも、**子どもにとっては十進法を理解するのが意外に難しい**ものです。それができたら今度は、

「ここに5円玉1枚と1円玉が3枚あるよね。10円と交換するには、あと1円玉が何枚あればいい？」

あるいは、

「5円玉1枚と1円玉7枚。10円にするには、1円玉を何枚取ればいい？」

というように訓練していくのです。それができたら次は1円玉だけを使って、10円になる組み合わせを考えさせます。

1円玉5枚と5枚、合わせて10円です。そこから1円玉4枚と6枚、3枚と7枚、

2枚と8枚、1枚と9枚といったふうに、実際に硬貨を使い、**手を動かしながら数の感覚をつかませていく**のです。

同じように、**量の感覚をつかませるには、生活のまわりに実際あるものを利用する**のもいいでしょう。

10リットルと言われた時にパッとイメージできない子には、

「いつも牛乳を飲むよね。あのパック一つが1リットルよ」

と教えます。

10センチメートルや1メートルはわかっても、100メートルや1キロメートルという大きな数字になると実感としてわからない子には、

「家から学校までが100メートルよ。それで家からスーパーまでが約1キロメートルなの」

というふうに、つねに身近なものから、大まかな量や大きさを想像できるようにしておくことが大切です。

そうすれば「太郎くんの歩く速さは時速何キロメートルでしょう?」という問いに対して、「100キロメートル」と答えて平気な子どもにはなりません。

17

子どもの自己肯定感は親子の会話で生まれる

勉強の理解のためにも身体感覚は必須

受験で合格する子どもは、「成功の予感」を持っています。たとえば、今、合格の可能性が50パーセントだとしても、

「僕はできる子だから、がんばれば受かる」

と、**自分を信じられる子どもは、受験に成功する確率がとても高い**のです。

反対に自信がなく、なんと不合格になった時の言い訳を考えているような子どももいて、そういう子は残念ながら合格が難しい場合が多いです。

ではどうしたら、成功の予感を持った子どもになれるのでしょうか。

自分を信じられる子どもは勉強をする時に、「そうか！」と全身で感じられるところまで知識を落とし込んでいるのが特徴です。一問解き終わるたびに「よし！　これは絶対正解だ！」と信じることもできています。たとえば、

「300グラムの12パーセントは◯グラムです」

という問題があったとします。その時、普通の子どもは機械的に300×0・12という式を頭に思い浮かべます。

でも身体感覚のある子は、300グラムという大きな量のうちの0・12倍がどれくらいかを聞かれているのだと、具体的にイメージすることができます。

そして「300の0・12倍という意味だ。つまり、300グラムの1／10よりちょっと多いくらいだ」というふうに考えを進めていくのです。そうやって**身体感覚を活用して「よし！　これは正解だ！」と確信できる**のです。その確信が一つ一つ成功体験として蓄積されていきます。

一方、成功の予感を持てない子どもは身体感覚を持っていないか、または身体感覚へ落とし込もうとしてもそれができません。

私が説明しても、その時は「わかった」と言うけれど、1分後にはもう頭に残っていないのです。そういう子どもは聞いていないのではなく、**聞いても記憶をため込む身体感覚がない**と言えます。**確信が持てない学習**です。

身体感覚を育むには、低学年のうちに、子どもにさまざまな経験をさせることです。草木に水をやったり、重いものを移動させたり、お湯を沸かしたり、ものの匂いをかいだりといった**五感の経験のすべてが、理科や算数、国語などの問題を解くベースに**なっていきます。たとえば300グラムと言われた時に、料理のお手伝いを経験している子なら肉や小麦粉の重さで300グラムを実感として知っていることでしょう。

成功の予感がある子は、難問に取り組む力がある

そんな身体感覚に優れ、「自分はきっとできる」という感覚を持っている子どもは、**問題を粘り強く読み進めていく力を持っている**のも特徴です。

子どもというのは、がんばれそうだと自分が思えれば、がんばるもので、それを支えるのが成功の予感なのです。難問を前にして、「なんとしても解いてみせるぞ」と

思うことができるのは、「僕（私）にはできるはずだ」という自己肯定感に裏打ちされた、成功の予感があるからです。

そうやって真剣に問題に取り組んだあとに解説を聞けば、

「あ〜、そこに気づけばよかったのか！」

「僕もかなりいい線までいったぞ」

と、適当に問題を解いた子どもよりも**納得感が高まり、より自己肯定感を強めていくことができます。**自分にはできるという自信は、まさにそういう小さな成功体験の積み重ねで身につきます。過去に成功体験があるからこそ、少しくらい無理かもしれないと思っても果敢にチャレンジできるのです。

自己肯定感が成功の予感を生み、成功の予感によってがんばれば、より自己肯定感が強くなって、さらに難しい問題が解けるようになっていきます。

そういった**自己肯定感のベースは、実は親子関係、母親と子どものコミュニケーションのなかにあります。**親は、

「自分の子だから大丈夫」

という感覚を持ち続けてください。そして、

「あなただったらできそうね」

「あなただったら大丈夫よ」

といった**声かけを、うんとうんと、たくさんしてあげて**ください。

18

小4までに3000回「なるほど!」体験が圧倒的に重要

「なるほど！」という感動が、チャレンジできる子を育む

「頭のいい子」に育てるためには、**小学4年生までにどれだけ感動を積み重ねられるかが大切です。**問題を解いている時でも、

「あ、そうなのか」

「なるほど〜！」

などと**ひとり言を言いながら勉強している子というのは必ず伸びます。**

たとえば、算数の問題がわからないとします。その時、親が一方的に教えたり説明したりするのではなく、子ども自身がなるべく考えるように仕向けるのです。

「この問題では何を聞かれているのかな？」

それで子どもが答えたら、

「なるほど。いいところに気づいたね」

と、もし答えが間違っていたとしても、とりあえず認めてあげましょう。正解が出たか出なかったかという結果だけではなく、**思考の過程が正しければそれを認めて、ほめてあげる**のです。

さらに、そうやって会話を続けながら、子どもに「自分で解いた」という思いを抱かせることが大事です。

そうすると、「なるほど！」「そうなのか！」という納得感やうれしい感情とともに、大切な知識が脳に刻まれていきます。

そういった**「なるほど」という感覚は、単に「わかる」こととは違います。**「わかる」というのは、答えまでの筋道を、単にたどっていくことを指します。でも「納得」というのは、筋道を最後までたどる過程で、「なるほど」「そうだったのか」と**感情が動く状態**なのです。

その達成感を重ねることにより、勉強が好きになっていきます。こういった体験を1000回、いえ2000回でも、3000回でも小学生のうちに繰り返し経験させてあげてください。

そういった成功体験があれば、少し難しい問題に出合っても、「がんばればできるかもしれない」とチャレンジできる子どもになるのです。

モノを組み立てることで得られる感覚

とりわけ小学4年生までのあいだは、**問題集を解く以外の場面でも「なるほど!」体験を**させてあげましょう。

図形を勉強すると、立体問題がよく出てきます。それを理解するためにも、実際に展開図を自分で書いて、それをハサミで切って組み立ててみるのです。受験問題でよく出てくる、三角すいの展開図などはまさにうってつけです。

また、立体を切ってみることも理解を深めます。コンニャクやカステラを包丁で切るという体験です。

立体の切り口がどうなるか、まるで透視能力のように理解できる子どもも時々いますが、多くの子どもは、それを自分で学びとる必要があります。実際に自分でつくり、組み立てたり切ってみたりすることで立体感覚を身につけることができますし、かならずや、「なるほど！」という発見や感動があるのです。

さらには、何か古くなった機械などがあれば、それを分解して組み立て直すのも、とてもいい経験です。つくってはと壊し、壊してはつくる子どももいますが、その体験のなかから得られることははかり知れません。

大きくなるとこういった工作には興味が湧きづらくなるので、これはぜひとも小学4年生頃までにやっておきたいことの一つです。**受験する、しないにかかわらずです。小さい頃から勉強だけをやらせていると、頭打ちになりやすいのです。**

19

塾の宿題は全部やってはいけない

宿題の本当の目的は「正解を出す」こと

進学塾では、多量の宿題が出されます。でも、塾の宿題を何から何まで全部やる必要は、実はありません。いや、むしろ、**やるべきものと、やらないものを、上手に取捨選択してほしい**と思っています。

かつて私も、大手塾で一度に100名以上を教える「日曜特訓授業」を担当していた経験がありますから、宿題を出す先生方の気持ちは十分にわかります。

あの子にはあの問題が必要だし、この子にはこの問題が……と考えると、どうしても宿題の量が多くなってしまうものなのです。

そして、集団指導塾は全員に同じ宿題を出さざるを得ません。もし「Aくんはここをやらなくてもいいよ」と一言でも言おうものなら、「先生、えこひいき！」と、不平不満の声の大合唱になってしまいます。

しかも、どの塾でもテキストは「これをやり切れば、誰でも御三家に合格できる」量と質を誇っています。そして授業は、クラスの上半分の成績の生徒を対象にして、どんどん進みます。

そういった状況のなかで与えられた膨大な量の塾の宿題を完全にこなしきろうとすると……、「正解を出す」という目的がスッポリと抜け落ちて、**宿題を終わらせることだけが目的になってしまいます。**

パニックの末に「こういう問題のはずだ！」と決めつける子ども

近年、小学4年生や5年生のお母さんから、「一日中勉強ばかりやっているのに、成績が下がってきた」という相談を受けることが増えています。その原因は、「終わらせることが目的の勉強」にあります。

子どもは、時間がないと感じ、「大変だ」と思った時には、ほとんど全員が同じ行動をとります。

まず、問題文をバッと斜め読みします。眺めると言ってもいいかもしれません。そして、目に入りやすい言葉（数字や漢字）を頼りに、「**これは、こういう問題のはずだ！**」**と決めつけます。**次に、その問題を解くのに使えそうだなと感じる解き方や公式にあてはめようとします。

このような、物事の「筋道の理解」や「納得」を置き去りにした学習、すなわち3つの力の発揮からはほど遠い学習でも、小4の前半まではなんとかなってしまいます。小4の前半までは解き方の種類が少なく、「これは、こういう問題のはずだ！」という決めつけを行っても、正しい場合が多いからです。

ところが**小4後半から小5にかけて、それではうまくいかなくなってきます。**そして小5の後半には、同じやり方ではことごとくはずれてしまうようになるのです。

わが子が勉強をがんばっているのに成績が上がらないと感じていらっしゃるのでしたら、今すぐに、「終わらせることが目的の勉強」になっていないかをチェックしてください。

その方法は簡単です。**子どもが勉強している正面に座り、問題文の行数分だけ、子どもの視線が往復しているかどうかをよく観察**してみてください。

「5行の算数の問題なのに、2回しか視線が往復していない」ならば、問題文をしっかり読んでいない、斜め読みの状態です。

わが子にそんな間違った学習習慣があるとわかれば、すぐにでも学習量の調節をしてあげてください。宿題も、取捨選択すべきです（取捨選択の方法については、次の「○△×学習法」を参照してください）。

それにより子どもの過剰な負担感を解消し、次に問題文を丁寧に読む練習をさせてください。鉛筆でなぞるようにしながら「**頭のなかで音読するように黙読する**」練習です。

20

時間を無駄にしない「○△×学習法」

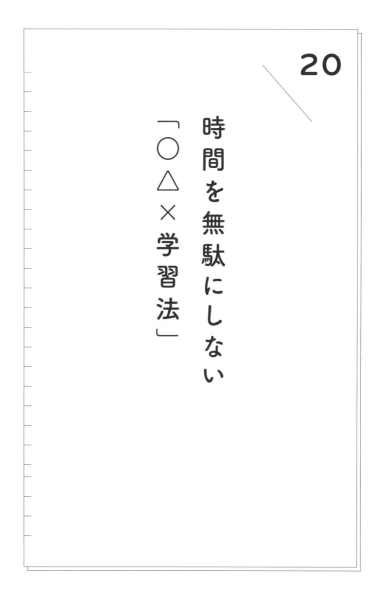

勉強量を減らしながらも成績が大幅に上がることも可能に

進学塾に通っている子どもが家で勉強をする時に、やるべき問題をどのように選んでいるでしょうか。**問題の取捨選択をしやすくするためには、塾の授業中に問題に○△×をつけられるようになると効果的**です。

○……授業中、簡単に解けたもの。今後、同じ問題が出た時に、確実に解けると思う問題。

△……苦労しながら何とか解けたもの。今後、同じ問題が出た時に、確実に解ける自信がない問題。

×……授業中に解けなかったもの。先生の説明を聞いてもよくわからなかった問題。

といった具合です。

家で勉強する時に最優先してほしいのが、もうちょっとがんばれば何とかなりそうという△の問題です。

軽く解けてしまった○の問題は、テストでも答えられるのが確実なのでやる必要はありません。

また、授業中に先生の説明を聞いてもわからなかった×の問題をやっても、時間のムダになります。難問を教えるプロである塾の先生が説明をし、それでもわからなかった問題です。それを、家に持ち帰って解けるようになることはまずありません。

それに勉強というのは、その時わからなければ永遠にその問題が解けないわけではありません。たとえ今は無理でも、いつか再びその問題にぶつかった時に解けるようになっていることもあるものです。

こうやって**問題を取捨選択して△を確実に解ける効率を上げていけば、勉強量を減らしながらも成績を大幅に上げることも可能**になります。

「とにかく大量の宿題や勉強を家でやらなければ」と子どもが焦らなくなるので、ミスも減るのです。

さらには、精神面に与える効果も見逃せません。**子どもに与える負担というのは、量も質も「もうちょっとがんばれば、何とかなりそうだ」というくらいが最適**なのです。もうちょっとがんばって、「やり切ることができた」という自分を想像できるくらいの量――つまり達成できるという「成功の予感」が持てる量に対して、子どもは（大人も）いちばん努力できるものだからです。

問題を絞り込むことによって、その日のテーマをすべて終えられた自分とその快感を想像させながら、子どもに勉強をがんばらせることが可能になってきます。

習慣づけてしまった暗記学習から脱する

でも、なかには量を調節しても、ただ勉強時間が少なくなるだけで効果が現れない子どももいます。それは、長いあいだ暗記学習だけで過ごしてきたために、**覚えるこ**

とが勉強なんだと思い込み、頭を使って考える習慣をなくしてしまっている子どもです。

必要なのは、**自分の言葉で考えられるようにすること**です。この場合は、親の大きな努力が必要ですが、時には十分な力量のある第三者の協力も必要でしょう。でも、親が子どもの勉強に付き添ってあげられる時は、こんな声かけからはじめてください。子どもが問題を前にして立ち止まってしまっている時がチャンスです。

「問題文は最後までちゃんと読んだ？」

はじめは、問題文を音読させるのもいいと思います。その後、

「問題では何がわかっているの？」

「問題では何を聞かれているの？」

「何を使えば解けそうに感じる？」

という順に聞いていきます。くれぐれも穏やかに、笑みを絶やさずにお願いします。

ここまで質問を重ねて、「何を使えば解けそうに感じる？」と聞いても「わからない」と子どもが答えるときは、**本当にわかっていない**。または、それを**解くための知識を持っていない**ことが多いと思ってください。そんな時は、

① 親が教える
② 塾の先生に質問させる
③ 信頼できる家庭教師か個別指導の先生に質問する

これら3つのなかから選択してください。ちなみに、**親が教える場合は、親自身の勉強が大切になる**ことを申し添えておきますね。

根気よく、何度も繰り返して子どもに問いかける

さて、ここで子どもが何か公式を使って解きはじめ、答えが出たとしましょう。そのときには、

「その式で何が出たの？　重さ？　長さ？」

などと単位をつけて聞いてあげてください。この質問は子どもに、たった今まで**自分は何を求めるために計算をやっていたのかを、思い出させるため**です。

子どもは忘れやすいものです。式を書いていた時は答えで何を出すつもりかわかっていたのに、一生懸命計算しているうちに、それが何だったのか忘れてしまうことはよくあります。ですから、お母さんは単位をつけてたずねることで、子どもに思い出せてあげることが大切です。その後で、

「次に何を出せそうに感じる？」

と聞いてあげます。これを繰り返して、しだいに正解に導いていきましょう。原則は、**「親はできる限り教えない」「子ども自身に確認させ、思い出させ、予測をさせるために、やさしい言葉遣いをする」「つねに穏やかな笑顔で接する」**ことを心がけてください。

なお、子どもに問いかける言葉は、その子の頭に刷り込まれるまで何度も繰り返して言うことになります。その期間は、早くて1カ月、長くて半年くらいです。でもこれをしっかり行うことで、子どもは、刷り込まれた言葉を使って自問自答ができるようになります。

「問題文は最後まで読んだか」（自分の行動を確認）
「何がわかっているのか」（仮定を確認）
「何を聞かれているのか」（結論の確認）

そして、「何を書けば解けそうに感じる？」と自分に聞くことで、自分の頭の引き出しから問題を解くための知識や考え方をアウトプットできるようになるのです。親に言われなくてもこれらを自然とできるようになることが、賢い子の条件になります。

これらの質問の言葉は、私が日頃家庭教師として教えている時の口癖でもあります。ぜひ活用してみてください。

21

子どもの「なぜ？」には真剣に付き合う

「なぜ？」は自分と他人両方に向ける言葉

小学1年生になる頃から、子どもの内部に、「現象の因果関係」への興味が芽生えてきます。それが「なぜ？」という質問になって表れるのです。

でも、どんな子どもでも「なぜ？」という質問ができるわけではありません。「なぜなの？」と素直に聞けるのは、実は**「僕はできる子だ」という自己肯定感がある子ども**なのです。

反対に、自己肯定感のない子どもというのは「なぜ？」と聞くこと自体が恥ずかしいと感じがちです。「わかってないのは僕だけかもしれない」と感じて、「なぜ？」の一言が口から出てこないのです。

「なぜ？」という質問をするまでには、二つの段階があります。まずは自分のなかに「なぜなんだろう？」と考える気持ちが芽生えて、その後「なぜ？」と人に聞く行動へと移るわけです。

つまり、**「なぜ?」は自分に向ける言葉であり、同時に他人に向ける言葉でもある**ということです。

自己肯定感のある子どもは、「なぜ?」という疑問のいくつかは、自分のなかで解決することができます。それが快感になると、自分で何とか答えを見つけようと、粘り強く勉強や人生の出来事に向かっていくことができるのです。

――親も「なぜ?」と考える思考の習慣をつける

中学受験においては、中堅校の入試問題であれば、暗記だけでも何とかギリギリ合格点を取ることができます。でも、上位の学校は、そうはいきません。

麻布や渋谷教育学園渋谷中などの入試問題を見ると、大人でも「なぜなんだろう?」「そうだったんだ!」という驚きとともに問題文を読み進めるほど高レベルです。

過去には「海嶺での堆積物の変化」「カーボンマイクの仕組み」「放射性元素の半減期」「自転車の進化」など、小学6年生が知っているはずのない内容が出題されています。

そういった問題では、**子どもがそれらの知識を持っていることが要求されているのではありません。**初めて見聞きする知識や事柄に出合ったときに、因果関係や原因に興味を持ち、**論理的な思考ができるかどうか**が求められているのです。

このように、要求されていることが知識ではない以上、その子どもが積み上げてきた経験や、経験のなかで感じたこと、考えたことが試されているとも言えます。だからこそ「なぜ？」という思考が大切なのです。

もしわが子に「なぜ？」を言えるようになってほしいと思うなら、**親自身もさまざまなことに対して「なぜ？」と考える思考の習慣をつけてください。**子どもはそういう親の姿を見て、真似ていきます。

たとえば子どもが勉強しないなら、

「子どもが勉強しないのはなぜか」

と考えます。それがうまくいかない時には、

「子どもが勉強しないと私が考えるのはなぜか」

と自分に問いかけてみるのです。

「なぜ？」の返答を焦って求めるのではなく、「なぜ？」を重ねて考える楽しさを味わうような自分への質問であってほしいと思います。

考えてもわからなければ、とりあえず横に置いておきます。でも、母親が人生や子育てにおいて「なぜ？」という気持ちを持ち続けていれば、いつか別の「なぜ？」を考えている時に、それまでモヤモヤとしていたことへの答えが突然出て、スッキリできることもあるのです。

知識や思考は、決して直線ではありません。網の目のようにからみ合い、つながり合っています。大切なのは、いつも「なぜ？」の気持ちを持ち続けることです。

22

キッチンは子どもにとっての
スーパー実験室

タンパク質が固まる事実を実体験として感じさせる

私は料理が大好きです。下手の横好きですが、和食からフランス料理までもう何でもつくってしまいます。

料理をするなかで日々実感するのは、**キッチンは子どもにとってのスーパー実験室**であるということです。

時々、うかがう家庭のキッチンをお借りして実験を行うことがあるのですが、最もウケるのが、シメサバのつくり方です。

「シメサバって知ってるか？　これ、キューッとサバの首を締めるんだぞ」

とりあえず、こんな冗談から始まります（笑）。もしこのまま授業が終わったら、多くの母親からクレームが来ることは必至ですが。

ここでは、まず子どもに魚を3枚におろす方法を教えていきます。そして骨以外の

2枚の身をお酢に漬けるのです。

すると、透明だった身の部分が少しずつ固く、白くなっていきます。それを見た子どもは、タンパク質が酸で固くなるということを理解するようになります。

同じように、「牛乳にレモン半個を搾り、かき混ぜてから飲む」という宿題を出したことがあります。

これも、タンパク質は酸によって固まると知るためのものです。

「ヨーグルトみたいになってなかなかおいしかったよ。でも、酸っぱすぎたから、途中で砂糖を入れたらもっとおいしくなった」

子どもは、そんな感想を話しました。そばで聞いているお母さんは、笑いをこらえています。

問題集には、タンパク質は酸を入れたり、加熱したりすると固まると書いてありますが、それを**子どもに実体験として感じてもらいます**。自分で料理をつくったり食べたりすれば、より一つ深い理解へと落とし込むことができるからです。

タンパク質が加熱により固まるというのは、目玉焼きやゆで卵もわかりやすい例です。卵は身近な食材ですから、それを説明すると子どもはすぐに覚えられるのです。

母親の工夫する姿も子どもには大きな刺激になる

このように料理は、化学変化を実体験できる宝庫です。でも、それだけではありません。料理には、どういう一品をつくるかという目標があり、**そこに向けての順番や段取りがあります。それは算数の解き方と一緒**なのです。

温かいものは温かいまま食べられる状態で食卓に並べるとします。盛りつけるお皿を温めるのに、私はよく食器乾燥機を使うのですが、たとえばお母さん方が同じことをするときに、

「食器乾燥機は、器を80度で乾かすのよ。料理ができる20分前に入れておけばお皿も熱々の状態で出せるわね。温かい器にのせて料理を出すと冷めにくいの」

と、工夫していることを子どもに見せてあげてください。

「お父さんが帰ってくるのにもう少しかかるから、お皿を温かくしておこう。ほら、これだと冷めないでしょ」

と、お母さんはアイデアを大いに自慢してかまいません。何より大切なのは**母親が目標を立てて、プロセス管理をし、しかもそれを楽しそうに実行している姿を子どもに見せる**ことです。

お母さんが工夫してつくった料理なのか、それとも投げやりにいやいやつくった料理なのか、子どもはそういうことを直感的に感じとっています。

お母さんが工夫している時の表情や仕草、動きも子どもに大きな刺激を与えているのです。

たとえば釣り好きのお父さんなら、前日の夜に仕掛けを一心不乱に、しかも楽しそうにつくりますよね。

その様子を子どもが見ると、「へぇ、あんな細かいことまでできるんだ」と感じて、それだけでもとてもいい勉強になるのです。

そんな時はお父さんも

「この仕掛けはな、魚の特性を考えてやっているんだよ」

と得意げに話しましょう。

料理は一歩先を読む想像力を養うのにも効果的

そのほかにも料理の時間は、さまざまな勉強の機会にあふれています。タコウインナーをつくる時も、これくらい包丁で切れ目を入れると焼いた時にちょうどいいだろうと想像して、足になる部分に切れ目を入れますよね。コツが必要な野菜のかつらむきもそうです。これは、**「一歩先を読む想像力」を養うのにとても効果的**です。

それから、ただやり方を教えるのではなく、子どもの発想に基づいて料理をしていくのもいいでしょう。

「ビーフシチューをつくろうね」

と子どもに言ったあと、

「何を用意すればいいと思う？」

「どれから煮ればいいかな？」

と聞いて、子どもに考える機会を与えるのです。

まだ子どもが幼ければお皿を並べたり、料理の盛りつけを手伝ったりするだけでもかまいません。何か、手伝いをさせてほしいのです。**料理には、日常生活における基礎学習が山ほどつまっています。**

もう一つ、注意してほしいのが食事をする時間をどう過ごすかです。

お父さんが仕事から帰るのが遅くて、お母さんと子どもが二人きりで食べるという機会もおそらく多いと思います。

幼い子どもを取り囲む社会は小さく、お母さんとの関係がとても大切です。そんな時にテレビを見ていると、お母さんとの大切なコミュニケーションが途絶えてしまいます。

今、食べている食材の話でも何でもかまいませんので、食卓ではぜひお子さんとさまざまな会話を交わしてください。

23

ドーナッツと入浴剤が、子どもを理科好きにする

身近な事例が子どもの好奇心を呼び覚ます

知識をただつめ込もうとしても、子どもの脳の容量には限界があります。そういう時は、**物事の「つながり」を理解させるとすんなり覚えることができます。**

私はよく、身体を例に話をします。人体はまさに科学そのものであり、理科の本質にかかわるテーマの宝庫なのです。

たとえば「重曹に酸を加えると二酸化炭素が出る」という受験でもよく出る大事な内容を教える時にはこんなやり取りをします。はじめに、子どもに問いかけます。

「お風呂に入浴剤を入れると、シュワシュワするだろう、あれは何だと思う？」

「わからない」

「ちょっと調べてみよう」

と言います。そして、入浴剤があれば子どもに取ってきてもらって、一緒に成分を見ます。

すると、難しい名前が並んでいる成分のなかに「重曹」もしくは「炭酸水素ナトリウム」と書いてあります。ちなみに、この二つは名前の呼び方が違うだけで同じものです。

「炭酸水素ナトリウムというのはアルカリ性なんだよ。炭酸水素ナトリウムは、昔は胃薬の中にも入っていて、胃薬を飲むことによって、胃酸を中和させたんだ。それで胃酸過多を治すのが胃薬なんだよ」

子どもたちは、そんな話に食いついてきます。そうすると、暗記しなさいと言わなくても覚えてしまうのです。

〝重曹ドーナツ〟で「なぜなの？」が口癖に

「重曹を使ってドーナツをつくる」という宿題を出すこともあります。重曹をたくさん使ってドーナツをつくると、ふんわり膨らんで、おいしそうにできあがります。

でも、食べてみると苦くて、とてもではないけれど食べられたものではありません。なぜかと言うと、炭酸水素ナトリウムがアルカリ性の強い炭酸ナトリウムに変わってしまうからです。

その実験のあと、子どもから、

「無理して苦いドーナツを一口食べたら、ムカムカして食欲がなくなって、夕飯が少ししか食べられなかったんだ。なんでなの、先生？」

という質問がありました。

そこで、また、昔の胃薬の話をしました。私はすかさず、

「じゃあ、なぜ、胃薬に重曹が入っていたのかな」

と質問します。その子どもは答えられません。

「じゃあ、胃液には何があるの？」

「ペプシン」

「それだけ？」

「あと、塩酸も。あっ！　重曹が入っていたのは、塩酸を中和するためだったんだ」

「よく気がついたね。強すぎる胃酸を弱めるためなんだよ。重曹入りのドーナツを食べると、胃酸が弱くなって気持ち悪くなったんだよ」

そこから、さらに話をつなげていきます。

「ところで、ドーナツを食べた時、ゲップが出なかったかな？」

「出たよ」

「それは、何？」

「重曹と塩酸だから……二酸化炭素！」

「そうだ、すごいな。よくわかったな」

もうその男の子は得意満面です。それ以降、**「なぜなの？　先生」が口癖のように**なりました。

理解したことは、さらに“身体感覚”に落とし込む

このように、理科ほど身体感覚に基づいたおもしろい話ができる教科はありません。**「理科は丸暗記ですよね」と言うお母さんが時々いらっしゃいますが、私からすればそれは暴言**としか思えません。

理科と人体の関係の話はまだまだあります。次は消化吸収についてお話ししましょう。

デンプンやタンパク質の話をしたあとに、

「じゃあ脂肪は、口から入ってどんどん下っていくとどうなる？」

と聞きます。するとよく勉強している子は、

「十二指腸で細かい粒になる」

と答えます。

「胆液が働くから細かい粒になる」

「じゃあどうして胆液は、脂肪を細かい粒にできるの？」

そこでわからなければ、

「石けんの作り方と一緒なんだよ」

と話しはじめます。

「脂にアルカリ性のものを混ぜると白い濁りができるんだ。これは脂肪の細かい粒と考えていいんだよ。これを押し固めたのが石けん。胃液で酸性になった食物を、胆液でアルカリ性にすると、石けんと同じ状態になる。これが乳化作用だ」

その後、さらに身体感覚へと落とし込むために、

「気分が悪くなって吐いたことないか？」

と聞きます。すると、たいていはあります。

「どんな味だった？」

「酸っぱかった。喉が痛かったよ」

「じゃあ、もっともっと吐いて、吐くものがなくなったことはあるか？　吐くものの色が変わるんだけど」

そう尋ねると数人は、こう答えます。

「はじめは黄色かったものが、緑色になった」

「いい経験をしたな。はじめに出てきた酸っぱい黄色いのが胃液で、次に出てきた緑色のが胆液だよ」

子どもは「そうだったのか！」と興奮して、知識を単に暗記するのではなく、自分の血肉としていくことができるのです。

24

先生に「待った」をかける子は成績が上がる

考える楽しさ、気づく楽しさを知っているか

子どもが問題を解けないで苦しんでいる時のことです。

「じゃあ説明してあげようか」

と言う私に、

「先生ちょっと待って！　今、答えが出そうな気がしてんの！」

と制することができる子は、**間違いなく伸びます。**

こういう粘り強さのある子どもは、考える楽しさ、気づく楽しさを知っています。大脳周辺系の分泌が盛んになり、**考える、気づくということが快感になっているの**です。

時々、ブツブツとひとり言を言いながら問題を解く子どももいます。

「太郎くんの進んだ距離がこうだから……、そうすると距離の差は……」

横で聞いていると、どう考えて問題を解いているかが全部ばればれです。

こういう子どもは、決して問題を解くスピードは速くありません。

頭の動きというのは本来、話し言葉の何倍も速いので、言葉として音声にしている限りスピードは上がらないのです。

でも、いずれかならず成績は上がってきます。

もちろん適切な時期になったら、声に出さず頭のなかだけで考えるようにする訓練は必要です。でもこのように、**考えていることや感じていることを言葉にするのは、思考を整理するうえでとても有効**なのです。自分の頭のなかにある言葉で考える習慣をつけさせることを大切にしてあげましょう。

解き方がわかっても感動がない子どもは要注意

一方、こんな子どももいます。私の説明をすんなりと受け入れて「わかった？」と聞くと「はい、わかりました」と、とても行儀よく答えます。

しかし、解き方は理解したようですが、**本当に納得できたとき特有の「感情の変化」がありません**。このままでは〝まったく同じ問題だったら解けるが、少し変形されると解けない〟状態です。

そういう時は、私は、

「ちょっと待て。せっかくわかったのに、表情一つ変えなかったな」

と言います。そうすると、子どもはキョトンとしています。

「じゃあ罰ゲームだ。先生が今、説明したことを、自分の言葉でいいから説明してくれるか？」

と、子どもに説明してもらいます。そうすることで、子ども自身が正解への道筋を追体験してくれるのです。

――学習はスピードを求めても意味がない

多くの塾では、考えて問題を解くための時間的な余裕はほとんどありません。家でも、**自分で問題を解いてわかった時の快感をお母さんが妨げていることがあります。**

「これがこうなるでしょう。それで、答えは？」

と、急いで子どもに尋ねてしまうことが多いからです。

そういう勉強をしている子どもは、問題を解く途中経過はどうでもよく、答えさえ合っていればいいと考えがちになります。それでは本来、**学習を通して得られるはずの「本質がわかって楽しい」「知らなかったことがわかって楽しい」という快楽を、子どもから奪ってしまう**ことになります。

勉強するうえでは、「早くやりなさい」という言葉は禁物です。それより「**丁寧にやりなさい**」のほうが効果があります。急ぐ必要はないと子どもに伝えるのです。

学習は、スピードより、一つ一つ納得して解くことのほうがよほど大事です。スピードは量をこなしていけば、やがて自然に身につきますから、焦る必要はありません。

スピードも一人一人まったく違いますから、ほかの子と比較するのも意味がないと考えてください。

わからないことを一生懸命に考えたり、調べたり、覚えたりという苦しい努力が継続できるのは、その先に「ああ、わかった!」という楽しさへの予感があるからです。その**わかった瞬間の気持ちの高まりが記憶の定着を促進してくれます**。

25

「お母さんに教えて」は知識定着の魔法の言葉

説明させると、わかっていないことに気がつく

受験生を教えている時に、私はよくこう言います。

「とりあえずこれをやれば解ける、という方法だけを覚えるのはやめようね」

と。塾の先生が言った式に当てはめてみたら答えが出た、それが正解したから「わかった」ととらえるのは大きな間違いなのです。

「わかった？」と聞くと「うん」と返事をしながらも、不安そうな表情をしている子どもがいます。自分ではわかったつもりになっている子どももいます。そういう時は、

「わかったんだね。えらいぞ」

と、まずはほめたうえでここでも、

「でも、この部分は難しいからな。先生は少し心配なんだ。先生に教えてくれるか？」

と言います。すると子どもは、

「ここが直角三角形だから、こうなる」

と説明してくれます。さらに、

「どうして、これが直角三角形と言えるのかな」

と聞くと、おかしいな、と気づくのです。

〝復習〟授業で脳に刻み込む

本当にわかったかどうかを確認するには、**子どもに説明させる〝復習〟**が最も有効です。子どもが先生役、親が生徒役になって、ユーモアたっぷりに授業をやってもらいます。たとえばお母さんが子どもに、

「先生、この問題を教えてください！」

と言います。すると子どもが少し威張った感じで、

「それじゃあ、よく聞いておくんだよ。これはね……」
と説明をはじめます。このように楽しく復習するのは、とても効果的です。お母さんと自分の楽しい言葉や表情により、覚えるべきこともしっかり記憶へと刻まれるからです。

教える相手を、1学年年下のあまり成績のよくない子にするという設定もいいでしょう。本当に理解していれば、嚙み砕いてわかりやすく説明できるはずだからです。

そういう練習は、論理的思考を鍛えるという意味でも有効です。算数の難しい問題や国語の長文も、筋道を立てて考えることができるようになり、やがて間違いが少なくなっていきます。

26

やる気にさせる会話のつなぎ方

悪い点数を取ってきた時の口争いは、何のメリットもない

子どもがテストで信じられないほど悪い点を取ってきたとき、どうしていますか？

「ただいま～」と帰ってきた子どもの表情はこわばっています。そそくさと勉強部屋に入ってしまうかもしれません。

そんな時、最も避けてほしいのは、こんな会話です。

「今日返してもらったテストはどうだったの？　すぐに出しなさい」

「あまりよくないよ」

「何なのこの点数は！　大切なテストだって、お母さんが何度も言っておいたでしょ！　あなたもそのことはよくわかっていたはずよね。もう、どうするの⁉」

どんどん言葉はとげとげしく、声色は甲高くなっていきます。

こういう時、子どもは「何なのこの点数は！」までは聞いています。でもそれ以降

の言葉はまるで聞いていません。ただ母親の怒っている表情や少しずつ甲高くなるトーンを感じているだけです。

「やっぱりお母さんは怒っちゃった」

小学5年生にもなれば、そう思いながら無意識に、

「この場をどうやって乗り切ろうか」

「お母さんのこの怒りをどう静めようか」

「何をしゃべったらこの嫌な雰囲気から逃げ出すことができるのかな」

と考えはじめています。もう少し低学年の場合は、

「大変なことをしちゃった。お母さんがこんなに怒るんだから、とんでもなく悪いことをしてしまったんだ」

と頭の中はパニックになります。

そこに、母親の追い打ちです。

「どうするのかと聞いてるの！」

もはや子どもは、どうすればいいかという未来を考えられるような状態ではありりま

せん。「次はがんばるから」と言うのが、精一杯でしょう。

このような会話が繰り返されると、子どもはやがて起死回生のセリフを見つけ出します。それが、

「うるさい、くそばばあ！」

です。もちろんこのセリフは、逆ギレそのものです。点数が悪くて叱られている状況を、ひどい言葉を投げかけることで論点をすりかえようとしているのです。

でも、子どもは意識的に考えてこの言葉を発しているわけではありません。いっぱいいっぱいになって、そう言わざるを得なくなってしまうのです。

そして、口争いはますますヒートアップしていきます。

「何！　その言い方は！」

「お母さんの話がくどいんだよ！」

「そんな言い方するなら、もう勝手にしなさい！」

子どもにはささくれだった気持ちだけが残り、母親には怒りと心配が渦巻きます。

この場面で大切なのは**言い争うことではなく、悪い点数を取ってしまった原因を探**

り、その対策を考えることとのはずです。

そして「あなたのためなら、お母さんは協力を惜しまないからがんばってね」という気持ちを伝えることなのです。

協力を惜しまない母親の態度を子どもに伝える方法

では、理想的な会話とはどのようなものでしょうか。

「うわ〜、何この点！　悪いかもと言ってたけれど、そのとおりね」

「うん」

「1番の計算から間違ってるわね。2番の1行問題も、半分間違ったのね。う〜ん」と現状を把握して、ここで10秒ほど沈黙します。そして子どもの目を見てこう聞きます。

「どう、悔しい？」

「うん、悔しい」

そこで母親も残念そうな表情を見せつつ、

「お母さんも悔しいし、残念だわ」

そしてこのように会話をつなげます。

「この問題、家では解けてたわよね」

「テストの時は焦っちゃって」

「ふ～ん、テストではまだ焦っちゃうのね」

「だって、時間がたった40分しかないんだよ」

「そうね、大変ね」

「わかってるんだけど」

ここで初めて、母親は顔の表情をゆるめて話しかけます。

「あなたはもっと点数を取れる学力はあるとお母さんは思っているんだけど、違うかな？」

「うん。もっと取れると思う」

「そうね。お母さんもそう思うわ。でもこうなってしまったのには何か原因があるわよね。次のテストでは、あなたの実力どおりの点が取れるようにがんばれる？　お母さんもできることがあれば協力するから」

「うん、がんばる」

「あなただったら、ちゃんとできるわよ」

そう言って、子どもの目を見てニコッと笑います。

親は子どもの最高のサポーターでありコーチ

さらに理想的なのは、子どもと話しながら問題点と今後の対策を明らかにすることです。

「普段から塾の先生にも言われているように、ノートに書く数字や文字を読みやすくしていれば、この25点分のミスは防ぐことができたと思うけど、どう思う？」

「そうだと思う」

「あなただったら、これから注意してやっていけるわよ。そうしたら、次のテストでクラスアップもできちゃうかもね。今回の点数は、神様がこのままだとこれから困るから、何かを変えなさいと送ってくれたサインなんじゃないかな」

「復習をちゃんとやっていないことかな」

「じゃあ、これからは復習をちゃんとできそう？」

「たぶん」

「たぶんだと困るけど、あなただったらできると思うわ。そうしたら、塾に行くのももっと楽しくなるじゃない」

と、このような言葉かけができたら最高ですね。

この会話は、**子どもに勉強をやってみようかな、という気持ちにさせることが目的**です。でも、見張る、管理する、強要する言葉や態度というのはマイナスの作用しか生みません。**お母さんは、子どもにとってつねに最高のサポーター**であってほしいのです。あるいは並走するコーチと考えてください。

なお、いつも大変なお母さんが、自分自身をねぎらうための簡単な方法もお教えしておきましょう。

寝る前に、洗面台の鏡に向かって、**「あなたは今日、がんばった」と小声で自分を認めてあげる**のです。これは気持ちをコントロールするための一つのテクニックですが、人間というのは不思議なもので、イライラしていても無理に笑顔をつくればそういう気分になるように、言葉や行動は、心身の癒しに効果があります。

他人に見られているわけでもありませんし、自分をほめていいのです。勇気を出して、一度試してみてください。

27

勉強は適度に散らかったリビングでさせる

片づけきれていないリビングのほうが子どもの成績はいい

私は家庭教師としてさまざまなご家庭に行きますが、子どもに勉強を教える場所はかならずリビングルームです。

多くのリビングを見てきて私がいいなと思うのは、そこが、**子どものモノである程度散らかっている空間**になっていることです。

逆に、高価な調度品で埋めつくされていて、子どもが触ったら叱られそうな立派な書や壺がドーンと飾ってあったり、完全に大人仕様の空間となっていたりするリビングの家庭では、子どもはあまりいきいきとしていません。成績も伸びにくい、というのが実感としてあります。見るからにきれいで、すみずみまで整理整頓が行き届いているような家の子どもも同様です。

それよりはむしろ、お母さんはがんばって片づけているのに、**子どものエネルギー**

が強すぎて片づけきれないんだな、と思えるリビングのほうが子どもの成績はいいのです。

たとえば本棚一つでも、はじめはお父さんが好きな本だけを置いていたのに、そこに子どもの恐竜や昆虫の本が侵食してきて、そのうち童話も入ってきたんだなといったことを想像させるほうがいいですね。

生活音の刺激があるほうが脳が活発になる

私がリビングで授業をする理由として、子どもへの接し方、勉強の教え方などをお母さんに見てもらうためということがあります。子どもが自分で考えるように導く声かけの方法を、お母さんにも学んでもらうのです。

こういうことは口や文章で説明してもなかなか伝わりにくいので、実際の授業を見てもらうのがいちばんの近道なのです。

さらに、親御さんには、**普段から勉強はリビングでする習慣をつけるよう**お願いしています。

子どもがひとりで勉強部屋にいると、そこにはマンガやゲームがあります。親の目が届かない場所では、そういう誘惑にどうしても流されやすく、集中して勉強することができないのです。マンガを読んでいて、母親が来た時だけ勉強するふりをする子どもだって少なくありません。

リビングのテーブルで勉強していると、母親が料理をするトントンという包丁の音が聞こえてきます。母親の動く気配があり、鍋がぐつぐつと煮え、やがておいしそうな香りが漂ってきます。

生活音があると集中できないのではないかとよく聞かれますが、こういった**自然に起こる音が入ってきたほうが、人間の脳というのは活発になります。**

特に子どもが小さいうちは、母親がそばにいるだけで安心します。小学校高学年になっても、わからないことを質問したり、解けた問題を母親に自慢したりと、そこは親子の大事なコミュニケーションの場にもなるわけです。

「がんばって勉強してるわね。よし、お母さんもおいしいご飯をつくるね」

と語りかけ、励ましてあげましょう。

子どもは、周囲のいろんな情報と関連づけて記憶をするものです。解き方がわからず苦労している時に、ふとリビングにある本の背表紙が目に入って、

「そういえば、あそこにあんなことが書いてあったな」

と思い出したり、あるいは塾でテストをやっている時に、

「この単元を勉強していたら、お母さんが僕の大好きなカレーをつくってくれたんだ」

と、匂いの記憶から知識を引き出してくることすらできるのです。

マンガやゲーム機など注意力散漫になるものは隠す

リビングでは勉強道具を入れる棚を一つ決めて、そこに筆記用具や三角定規などの

文具、ドリルや参考書を置いておけば、すぐに取り出せて、いつでも勉強できます。

また、159ページでお話しした、「**学習した内容を復習する際に、子どもが先生役になって、生徒役の母親に説明する**」というのはとても効果的なので、ミニ授業用の小さなホワイトボードを用意するのもおすすめです。

時計はデジタルではなく、ぜひとも長針と短針のあるアナログのものにしてください。時計の問題は、算数でかならず習うものの一つです。日常的に見ているだけで、時間の感覚をつかむことができます。

また地球儀などをさりげなく飾っておけば地理や歴史の勉強、ニュースを見た時などにも、その地球儀を使ってさまざまな知識を学ぶことができます。

反対に、マンガやゲーム機など子どもの注意力が散漫になりそうなものは、ほかの部屋に置くか、見えないようにしまいます。もし可能ならば、テレビを別の部屋に移動してもいいでしょう。

28

スマホゲームは遊ばせない。
アナログなゲームが脳に効く！

知育玩具は遊びのなかでできるものがいい

子どもの能力を鍛える知育玩具やゲームはたくさんあります。そのベスト3が将棋、トランプの神経衰弱、オセロでしょう。

将棋は、形勢を判断したり、相手の出方を予想したりと、一手先を読む力を鍛えることができます。時に対局は長引くこともあるため、思考の持久力を養うという意味でもとても効果があるのです。

神経衰弱は、短期記憶の訓練になります。たとえばハートの5なら、裏返ったカードの上に、透かし絵のようにその絵柄が記憶のなかで見えているから当てることができるわけです。

そしてオセロは、算数の図形問題を克服したい子どもにおすすめです。オセロが苦手な子どもというのは、縦と横の列だけ考えて、斜めの列を見落としているから、いきなり全部ひっくり返されてしまう。こんな経験を通して、斜めや対角線に注意をはらうようになります。

知育玩具といっても、**「これがためになるわよ」と言って渡すと、子どもはまずやろうとしません。**一種の遊びのなかでできるもの、ゲーム性のあるものがベストです。

おもちゃは、丁寧な手作業でつくられた本物をチョイス

そのほかにも脳を鍛えるおもちゃには、積み木やブロックなどさまざまなものがあります。そういうものを選ぶ時は、ぜひ手触りを重視してください。

木、プラスチック、金属などでできたおもちゃを持つと、その感触が子どもの大脳を刺激します。玩具は決して値段的に高級である必要はないのですが、上質なものを選んでいただきたいですね。

たとえば同じプラスチック玩具でも、丁寧につくられたものは角などもきれいに処理されています。そこで子どもは、人間の丁寧な作業とは何かを自然と知ることができますし、本物とは何かを知り、鑑賞眼を磨くことにもつながります。それに角がきちんと処理されていれば、遊ぶ際に安全なのは言うまでもありません。

とはいえ、おもちゃを子どもに与えてみて、もし**興味を持たなければ無理強いは禁物**です。強制してもまず子どもはやりません。やらなければ別のものを与えればいいのです。または、**母親が楽しそうに遊んでいると自然に興味を持つこともある**ので、試してみてください。

パソコンやスマートフォンなどのゲームは皮膚感覚がなく、目から入る情報だけなので、受け身の遊びだと言えます。本当は、直接自然などに触れることがベストなのですが、それが難しい場合は、バーチャルな体験で代用することも必要だと考えています。

身体が温まり、気分のよくなるお風呂は最高の学習の場

それ以外にも、日常生活のなかで学びの機会はたくさんあります。よく新聞などに掲載されている間違い探しクイズはその好例です。二つ絵が並んでいて、その違いを探しなさいという問題がありますよね。それをやることにより、小さな差異に気づく力が養われます。

よく、「覚えるべきことを部屋に貼っておくのは効果がありますか」と聞かれますが、**家中のどこに行っても何かが貼ってあるという状況はおすすめできません。**

むしろ貼る場所を決めて、「ここにある」と子どもが意識的になれるようメリハリをつけることが大切です。

またお風呂は、すばらしい学習の場でもあります。窓ガラスや鏡が湯気でくもったら、そこで計算練習ができます。水滴が大きくなって文字が崩れれば、その文字を思

い出して、記憶力を鍛えることもできます。

身体が温まると気分もよくなって、自然と勉強もはかどります。

私の生徒で、同じ参考書を2冊買っていた子がいました。そう、1冊はお風呂用です。その子は、社会の暗記はお風呂の中と決めていました。そして見事、女子の御三家に入学を果たしたのです。

29

子どもの夢はアニメやゲームのヒーローでいい

自己肯定感を高めるような声かけが必須

幼い子どもは、全知全能感に支配されています。そのため、

「僕は将来、○○戦隊に入る」

などということを、結構本気で言うことがあります。でも、そこで呆れないでください。それがむしろ当然なのです。

そういった全知全能感や自己肯定感が最も下がるのが10歳前後です。つまり、第2反抗期が始まる時期ですね（一般的には「10歳の壁」と言われますが、それには多少個人差があって12歳、あるいは13歳で訪れる子どももいます）。

将来、戦隊に入りたいと言っていたのに、そんなことは夢物語だと感じるようになるわけです。

同時に、自分よりずっとできる人間が周囲にたくさんいることもわかってきます。

「もしかしたらお母さんは、自分のことを本当は愛してくれてないんじゃないか」

「自分は拾われてきた子なんじゃないか」

などと勝手に思い込むのも、この頃の特徴です。そういった自信を喪失しがちな時期だからこそ、お母さんは、**「あなたはできる子だから」**や**「かけがえのない大切な子よ」**といった、子どもが自己肯定感を高めることができるような声かけをしていく必要があります。それを通じて子どもは、

「このうちの子でよかった」

「この町に生まれてよかった」

と感じ、それがやがては
「日本に生まれてよかった」

という想いに育っていきます。


ところで、自己肯定感や全知全能感が下がることは、マイナス面ばかりではありません。それは、**幼い全知全能感から、他者の認知や相対的な自己の認知ができるよう**

になった証拠です。順調に成長していると安心してください。

また、10歳というのは、同時に抽象的な思考ができるようになりはじめる時期でもあります。

ですから、この時期に「考える癖」を身につけることはとても大切です。**考える癖がつくと、勉強のなかに深みをつくっていくことができ**、このことはゆくゆく、考える脳を育むためにも有効です。

そのためには、小学校の勉強だけではなかなか不十分ですから、少し難しいことにチャレンジしてほしいのです。

その意味でも、**受験勉強は一つの選択肢としてあってもいいと思います**。受験しない子どもも、1冊の薄い受験問題集や名作文学など、少し背伸びをした勉強に挑戦させてください。

30

鉛筆の持ち方ひとつでミスが減る

正しい持ち方は、俯瞰して見た時の角度が45度

鉛筆の持ち方というのも、実は**学習の能率に大きく関係**しています。小学生の頃はもちろん、高校生になっても、持ち方が悪いため損をしている子どもがたくさんいるのです。

私の生徒のなかにも字が汚い子どもは本当に多くて、「うちの子は字が汚いから、計算ミスばかりする」と、お母さんが困って相談してきます。でも、「数字をきれいに書きなさい」と何度言っても直らないと言うのです。それで子どもの様子をよく見ると、実は鉛筆の持ち方が原因だったということが多々あります。

正しい持ち方は、上から俯瞰で見ると、鉛筆が45度の斜めになっている状態です。

さらには、片目で鉛筆を見てみてください。正しく持っていれば右目だけでも、左目だけでも、鉛筆の先を見ることができると思います。もし**片眼でしか見えていないということがあれば、持ち方が正しくない**ということです。

持ち方が悪い子どものなかで最も多いのは、親指と人差し指で巻き込むように握りしめるものです。それは、幼児がスプーンや箸を初めて持った時を連想させます。また親指、人差し指、中指、薬指それぞれの指先に力を入れて立てるように持つ子もいます。

鉛筆の持ち方が悪い子は、ほとんどの場合、鉛筆を立てて持っています。時には鉛筆の頭が向こう側に傾いていたりもします。持ち方が悪いせいで、文字を書きながらシャープペンシルの芯がポキポキ折れてしまう子もいます。

間違った持ち方のまま線を引くと、安定感がなく動かせる範囲も狭いので、書いていてとても疲れます。書きにくいのはもちろんですし、変に力が入るのでまっすぐ線が引けない子どもも少なくありません。特に横線をうまく引けないのが特徴です。

これでは勉強が長続きしないのも当然だと思います。こういった**基本的なことを直**

すだけで、点数が上がる子どもがかなりいるのです。いわば、鉛筆の持ち方が人生を左右することもあるのです。

ノートを見ると子どもの気持ちの変化が読み取れる

ノートがきれいだと成績もよさそうですが、美しく書くことだけを大事にして、授業内容が頭に入らない子どももいます。

反対に整然としていなくても、自分なりに工夫している子どもはよく勉強ができます。黒板の文字を写しながら大事なところに自分なりに線を引いたり、メモに書きとめていたりと、思考の跡が見えると理想的です。

ノートには、子どもの状態が表れます。他人と比べてきれいかどうかより、いつもと書き方が違う時のほうがむしろ注意が必要になります。

小学校低学年なら文字を飛ばして書いたり、文字が間違っていたりすればそれは**集**

中力に欠けていることが見て取れます。

筆圧も一つの目安となります。**学習に集中していると、自然に筆圧は高くなる**ものです。反対に、文字が薄くハッキリしていなければ集中できていなかったことを意味しています。はじめから終わりまで、筆圧や書き方に差がないことが本来的には大切です。授業のはじめは、ちゃんとした文字で書いているのに、途中から文字が乱れてきたら、ここで集中力が途切れたと思ってください。

また**普段ノートに書いている数字と、テスト中の数字が異なる**子どももいます。

テストの字が乱雑だったとすれば、

「早く解かなきゃ」

「これを計算し終わったら、すぐにこっちをやろう」

と、焦っていたか、投げやりになっていたかのどちらかだと判断できます。

では数字をきれいにそろえて書くための方法を、ここでは挙げておきましょう。

はじめは5ミリ方眼のノートを使います。1マスに1字を入れていくと間隔が空きすぎるので、2マスに3つの数字を入れるぐらいの感じで書きます。

子どもの多くは下線にそって書くことに注意をはらいがちですが、数字の間隔、つまり縦がきれいにそろうようにしてください。

そうやって方眼ノートにきれいに書けるようになり半年ほどしたら、普通の罫線のノートに変えてもかまいません。効果が出ていると思いますよ。

31

30点でも子どもの努力を認める

子どもにはいつも減点法ではなく加点法で

私は、親戚のなかで勉強もスポーツもいちばんできない子どもでした。姉もいとこたちも学校トップの成績で、それに比べてお前は、と言われ続けてきたのです。でも本当に小さな成功体験をきっかけに、少しずつ変わっていったように思います。

小学生の時、先生が冗談で算数の難しい問題を黒板に書いて、

「これが解けたらすごいぞ」

と言い残して出ていったことがありました。友だちと休み時間に遊びながらも、私はその問題をずっと考え続けていました。その結果、解くことができ、先生からものすごくほめてもらいました。それから算数が好きになったように思います。

また、スポーツはずっと苦手だったのですが、中学生の時、勇気を出してバスケッ

トボール部に入りました。練習するうち、やがて意外にも自分が走れることに気づきました。そして、短距離はその頃も遅かったけれど、長距離なら何とかなるかもしれないと、がんばったのです。するとそのうち1500メートル走で、クラスで一番になることができました。

さらに、今度は筋力を鍛えてみようと思い立ちます。昔は鉄棒にぶら下がったらそのままで、逆上がりすらできなかったのです。ところがトレーニングを続けたところ中学3年生の運動能力検定では、すべて1級を取ることができました。

自分の子どもなんだから絶対に大丈夫

私の例に限らず、このような経験をされた方は多いのではないでしょうか。子どもはほんの少しのきっかけで大きく変わります。だから**減点法ではなく、いつも加点法で**考えてあげてほしいのです。

100点という満点から比べるのではなく、たとえ30点でも「ここまでできたね」と**いったんは認めてあげます。そのうえで改善点を探っていく**のです。

時には、勉強しているお子さんの横に座り、

「がんばってるわね。でもこの式を書いてから、次に進めなくて困っているみたいね。この式で何が出たの？」

とか、

「問題文をもう一度読み直して、使ってない数字や条件があるか確認してごらん」

というようなアドバイスをしてあげてください。

そこで子どもがもし質問にうまく答えることができなくても、

「惜しかったね。でも、ここまで考えられたんだから大したものよ」

「ちゃんと納得できるまで考えようとしているのね。感心ね。そういう努力は必ず実を結ぶわよ」

というほめ言葉を子どもにかけます。なかなかほめることができない時でも、

「一生懸命お母さんに説明しようとしてくれたのね。そういう気持ちがうれしいわ」

と、ねぎらってあげてください。

必要なのは、**自分の子どもだから大丈夫という絶対的な信頼感**です。それにより子どもも、自信を失った時やつらい時でも、自分を信じてがんばり続けることができるのです。

32

100点ではなく確実に70点を取ることを目指す

目標達成のために上手な取捨選択の仕方を選ぶ

家庭教師をしていて、**「きっと中学受験に受かるだろうな」と思う子どもの共通点**というのがあります。

その一つが、**100点を目指さない**ことです。そういう子どもは完璧であることより、合格ラインを取ることに計算ずくである、と言えます。

テストの問題を読んだ後、数秒のうちに「これはできる」「これは時間内にできない」と、一瞬のうちに判断をしています。

入試時間というのは、無限にあるわけではありません。決められた時間内で問題を解くわけですから、そういう判断ができるかどうかはとても大事なのです。

受験前になると私が必ずやるのが、合格点を取るためにどの問題を捨てればいいかというのを、子ども自身が見極められようにする練習です。

私が教える子どものなかには、

「先生、この大問の①だけやって、②を捨てていい？」

と聞く子がいます。そこで、

「じゃあ②をやるのにあとどれくらい時間が必要？」

と聞くと、

「10分かな」

「じゃあ、その10分で解ける小問2題はないかな？」

と、私は質問します。

入試の目的は合格です。その学校に一番の成績で受かることを目的にしているほんの一部の子どもを除くと、**いい点数を取ることではなく、合格点を超えることが目的**になります。目標達成のために、上手な取捨選択の仕方を学ぶ。これは、大人にとっても大切な判断力だと思います。自分が望むことを達成するのに必要な道を適切に選ぶ、その訓練は小学生の時からすでに始まっているのです。

受験直前はむやみに不安感を高めない

さらに受験直前に大切なのは**「何が足りないか」ではなく、「何が必要か」を見極めること**です。たとえば、

「得意な問題で65点は取れるから、あとこの少し苦手な範囲の問題で5点を取ればOK」

と、そこでこの5点を上げるためのポイントを絞っていきます。

漢字の配点の多い学校を受けるなら、同音異義語や同訓異義語について集中的にがんばれば、たやすく5点アップすることが可能です。

算数なら、小問の1番だけでいいから正解しようという作戦を使えば、5点取ることができるのです。

この時点で気をつけたいのは、苦手なことや忘れたことが一つ見つかったからとい

って、慌てないこと。受験直前は親も不安感が高まっていて、ある問題が解けないと、「これを忘れているなら、この基礎になる事柄も忘れているんじゃないかしら」と確認します。すると、やはり忘れています。

「基礎を忘れているようだと、これに似ているあの公式も使えないんじゃないかしら」

といったように、どんどん焦ってしまうのです。

それで「あれもやらせなければ」「これもやっておかないと」という項目ばかりが増えて、あれもこれも、子どもにやらせることになってしまいます。

でも、この状況は非常に危険です。子どもの不安感も一緒に高まって、これまで解けていた問題すらできなくなってしまうことが多いのです。

どの受験生も完璧ということはありません。**100点という理想を追うのではなく、70点を確実に取れるようにする**のです。

それには、「解けるはずの問題」を「より確実に解けるようにする」ことが最重要と言えます。

33

紙を右目の前に置くと正答率が上がる

紙を置く位置によって正答率が変わる!

鉛筆の持ち方以外にも、学習するうえで大切なことがあります。97ページで、問題用紙と目の距離の大切さについてお話ししました。子どもが紙との距離を正しく取れていないようであれば、それも直す必要があります。

なかには紙を斜めに置いて書いている姿もよく見かけますが、それは正しくありません。**紙は、正面の少し右、紙の中心が右目の前にまっすぐくるように置いてください。**

利き目がほとんどの場合右目であることに関係していると思うのですが、明らかに**正面より少し右側に問題用紙を置いておいたほうが、正答率が高いのです。**これは、さきほど鉛筆の持ち方のところでお話しした、「両目で鉛筆の先を見るのに適した位置」だからだと思います。

基本的な問題は解けても**応用が効かない子どもというのは、実は姿勢が悪く、紙と顔との距離が近いケースが多い**のです。目は文章を追っていても、すぐ横にあるグラフにまったく関心を示していないなど、周辺情報が目に入らないために解けないことも少なくありません。そういう子には、私は、

「ふんぞり返ってごらん」

と言っています。それで子どもが自分自身で変化を感じたら初めて、

「紙との距離って、大切なんだぞ」

と話すようにしています。いきなり、

「姿勢をよくしなさい」

「紙から離れなさい」

と注意しても、子どもの多くは続けることができません。自ら実感させることが何より大切です。

紙との距離と、問題との距離感は相似形だと私は思います。どうやったら解けるか

と考えている時は紙から離れていて、「あ、解ける」とわかった瞬間にがばっと近くなるのが理想的です。

鉛筆の持ち方もそうですが、紙の置き方や目との距離も、年齢にかかわらず気づいた時点で直すようにしてください。

34

早期英才教育のほとんどは間違っている

自然に育つプログラミングを無視するな

「子どもに英才教育をしてきたのに成績が思うように伸びない」

という相談をよく受けます。精一杯チャンスを与えてきたつもりなのに結果が出ない。ほかの子よりも先を行かせるために英才教育をしてきたのに、むしろ遅れをとっている、というわけです。

本当のところ、**英才教育のほとんどは役に立たない**と私は思っています。

人間の脳というのは、特別なことは何もしなくても自然に成長していけるだけのプログラミングがきちんと施されています。しかもそれは非常に安定した、強固なものです。

間違った英才教育というのは、つまりはそのプログラミングを無視して、無理やり脳をより早くつくりあげようとするものだと思います。

本来の実がなるサイクルを早めようと促成栽培した野菜や果物はおいしくないですよね。それは、本来の育ち方を人工的に早めた結果、細胞が崩れて形成されるからだと言われています。そう考えれば、人間だって促成教育しようとすれば無理が生じるのは当然です。

そもそも、子どもの成長に早道などありません。だから**人間が自然に育っていくプログラミングに応じて、その年齢なりのベストを目指してほしい**のです。偏った刺激を過剰に与えると、むしろ成長するにつれてさまざまな問題が生じてきます。

英才教育でつめ込むと、何をやっても心が波打たない子になる

私の以前の生徒に、何にも興味を示さない小学5年生の子がいました。私立の小学校に通っていて、幼児教育や英才教育の塾にも行っていました。

フラッシュカード、速読、右脳教育などを、子どもの意思に関係なく次々と与えられて、楽しむことを知らずに大きくなっていく。それを繰り返していると、本当は楽しいはずの体験をしたり、新しい知識を吸収したりしても、**心がまったく波打たない子ども**になってしまうのです。

そうなってしまうと、もう一朝一夕では治りません。フラッシュカードや速読による直感頼りの学習から、自分の頭のなかにある言葉で考えるスローな学習に変えていくことも必要ですし、知ることや、わかることの楽しさも教えていくとなると、場合によっては、治すのに5年以上かかることもあります。

さらには、こんなケースもありました。算数だけが飛び抜けてできる小学6年生の子どもです。

算数の能力はもう抜群で、理科もほどほどにできましたが、国語の成績が本当に悪かったのです。

優秀な国語の家庭教師をつけても点数が上がらないため困り果てたお母さんは、何度も私のところに相談に来られました。

お母さんとさまざまに話してわかったのは、その子が赤ん坊の時に数字にばかり親しんでいたということです。

表には数字、裏にはひらがなが書いてある積木を用意すると、幼い頃は一般的に、子どもは数字ではなくひらがなで遊ぶものですが、その子はいつも数字のほうで遊んでいたといいます。ハイハイをしていた1歳の時から簡単な足し算はできたといいますから驚きます。

でも、それは決してよい結果を生みませんでした。その子も中学受験をしたのですが、結局合格できなかったのです。

中学3年生になる頃まで私に連絡があり、「英語と国語がまったくできなくて、内申が取れないんです。どうしましょう」とお母さんが電話で困り果てているのが印象的でした。

これは、過剰に偏った刺激だけを与え続けるとどうなるかという、一つのわかりやすい例だと思います。

子どもが嬉々としてする習いごとは間違いなく効果的

一方で、英才教育のシステムに合う子どもも、時々います。大脳が極端に早く発達した子で、**全体の5パーセント以下**だと思います。それ以外の大多数の子どもの犠牲のうえに飛び抜けた秀才をつくる、それが英才教育の実情だと私は考えています。

子どもが幼い頃には、適切な量や質の刺激を与えることを心がけてください。親が意図的に与える英才教育などの〝学習刺激〟以上に、普通の生活のなかで親が知らないうちに子どもが受けている〝学習刺激〟に注目しましょう。

それは、英才教育などではありません。友だちとの遊びや、一人遊び、家でのお手伝いや会話を通じて、子どもは学習に結びつく刺激を受け続けています。だからこそ、**子どもには普通の遊びをどんどんやらせてください**。

ちょっとしたお出かけや、買い物、旅行など、親子でさまざまな経験を積むこともおすすめします。親と一緒にしたことは、幼い子どもの心には思い出とともに深く刻まれるので、脳を成長させる刺激としてとても効果的です。

よく、小学生の習いごとは何をどれくらいすればいいのかと聞かれるのですが、それについては一概には言えません。精神的、体力的にたくましい子どももいれば、それほどタフではない子どももいるなど、小学生のうちは特に個人差が大きいからです。

それでも確かに、スポーツや音楽などは、幼いうちから身体で覚えるメリットはあるように思います。

基準は、子どもが喜んで楽しそうにやっているかどうかです。どんな習いごとでも、**子どもが嬉々としてやっていれば、それは間違いなく効果があります。**

反対に子どもが日々疲れ切っているようであれば、習いごとの数を減らしたり、内容を見直したりする必要があります。

35

要領がいいだけの子は中学受験で伸びが止まる

中高での伸びを決めるのは小6までの勉強の仕方

私が家庭教師として教えるのは、中学受験をひかえた小学5年生、6年生が中心です。でも受験が終わり、中学へ入学して以降も、母親からたびたび私のもとに連絡があるので、子どもがどんな状態かがわかります。

その多くは、小学6年生の頃に私が予想していたとおりになっています。

「この子は上位校に入るだろうけれど、その後は苦労するだろうな」

そう感じた子どもたちのほとんどは、中学、高校のいずれかの時期から伸びなくなっています。でも反対に、

「おーっ、補欠でなんとか合格できたか。よかった。でもこの子は、将来的にはいい線いくかもしれないぞ」

そう感じることができた子どもたちは、進学した学校でグングンと成績を上げ、楽

しく学校生活を送っています。

小学6年生で同じくらいの偏差値でも、**将来伸びる子と伸びない子がいる**ということです。

自分の頭のなかにある言葉をきちんと使って考えようとしているか。工夫しようという意欲を持って問題を解いているか。考えたり理解したりすることを本人が楽しめているか。小学校の頃の、このような思考の習慣の違いが、その子の将来の伸びを決めてしまっているとも言えるのです。

わからない問題にぶつかっても粘って答えを出す子どもは伸びる

では、**どんな子どもが伸びにくいのでしょうか。**

まず典型的なのは、自分から勉強しようという意欲のない子どもです。そういう子は、幼い頃から親にやるべきことを山ほど与えられ、それをこなすだけの日々を過ごしてしまっています。

そのため**自ら「何かをしたい」という意欲が湧かない**のです。そんな子どもは当然ながら、はつらつとした学校生活など送ることができません。

さらには、**器用な子どもも注意が必要**です。こういう子は要領がよく、数を処理する能力や記憶力など、受験をクリアするための技術だけを身につけて、志望の私立中学にも入学を果たします。

確かに、そういった勉強のやり方は、まだ問題がシンプルな小学生のうちは何とか通用するんですね。でも、問題が複雑になる高校受験や大学受験では対応できなくなります。

ましてやそういう子どもが社会人になったらどうでしょう。器用さだけでは乗り越えられない、数々の壁にぶつかるのは明らかです。

それとは反対に、この子は伸びるだろうという可能性を感じさせるのは、たとえ問題が解けなくても、**「どうにかならないか」と一生懸命に粘るタイプ**です。自らの頭で考え抜き、その結果、答えが出た時の喜びを知っている子なのです。

こういう子はたとえ問題が複雑になっても、大切な要素を抜き出して自分なりの言葉に置き換え、思考をめぐらせて正解にたどりつくことができます。「はじめに」でお話しした、**「3つの力」を持つ子ども**です。

長い一生の間には、仕事にもプライベートにも、さまざまな困難が待ち受けています。でもこういった力の持ち主は、そんな困難を前にしても、自分にとって最善、最適の道を選び取ることができる可能性が高いのです。

目的に合わせた頭の使い方、成功に結びつく思考方法は、大人になってからも訓練すれば身につけることができます。でも、**大脳がほぼ完成する小学6年生までに訓練しておくと、**より実り多い人生にすることができると思います。

36

「気づき」と「ひらめき」は違う！

「ひらめき」と「気づき」は別のもの

問題をパッと見ただけで、直感的に答えを言ってしまうような子どもにありがちな考え方を、私は**「でまかせ思考」**と呼んでいます。

「なぜその答えになったの？」

と聞いても、

「そう思ったから」

としか答えられません。

子どもが返答しやすいようにと思って、たとえば

「なぜここを直角だと思ったの？」

と聞いてみると、

「直角だったら解けるから」

との答え。

大人にとっては「なんといい加減な！」と思ってしまうことを、多くの子どもたちは平気でやってしまいます。

それをさせないためには、10歳を超えたあたりから、「なぜそうなるのか？」「それは本当にそうなのか？」と考えさせはじめることが大切です。低学年の頃はできていた子が、高学年になって成績を下げてしまう大きな原因となるからです。

算数や理科の問題を解くときに、直感は大切です。でもそれ以上に大切なのは、その**直感が正しいのかそうでないのかを、自問自答できること**なのです。

「ひらめき」と「気づき」は別ものだということを忘れないでください。

「ひらめき」とは、今あることから遠く離れた結果を直感的にとらえることです。「ひらめき」から物事の核心に近づくことができるのは、ほんのわずかな天才だけだと思っています。だから、私たちは「気づき」を目指さなくてはいけません。

「気づき」とは、正解に近づくために、頭の中の引き出しから過去に収納した知識や考え方を探し出してくることができる力のことです。

正しく「気づく」ためには、「この知識でいいのかな?」「この考え方で正しいのかな?」という検証が必要なのです。

そのためには、生きた知識（つながり合った知識）をインプットする力と、問題を前にした時に必要な知識を間違うことなくサッと出せるアウトプットの力、その両方が大切になってきます。

そのための第一歩となる習慣は二つあります。一つは、**問題文を最後まできちんと読み切ってから考えはじめる習慣**です。冒頭に、「問題をパッと見ただけで直感的に答えを言ってしまう、でまかせ思考」の話をしましたが、この習慣づくりは、でまかせ思考を絶つためのものです。

もう一つは、**答えを書く直前に問題文の最後を読み直して、問われていることを自分がきちんととらえているかを確認する習慣づくり**です。これは、検証する力をつけることにつながります。

鉛筆で問題文をなぞるように読むと効果的

問題文を読み切ってから考えはじめる習慣が大切だとお話ししましたが、子どもに「ちゃんと最後まで読んだの？」と聞いても、本当のところはわかりません。

子どもがきちんと問題文を読んでいるかどうか、お母さんが知りたい時には、**目の動きに注意**してください。

国語の文章を読んでいる最中に視線がうろついていたり、途中まで読んですぐに解答のほうに目が行ってしまったりしていれば注意が必要です。

算数の問題が5行あるのに、2回しか目が左右に動かない子もいます。そういう場合は、「早く解かなければ」という焦りがあるか、または、文中にある漢字や数字だけを目に入れて、「こういう問題だ」と決めつけて解く習慣になってしまっているかのどちらかです。

それを防ぐためには子どもに鉛筆を持たせて、その**鉛筆で文章をなぞりながら読んでいく方法が効果的**です。大切なのは、**鉛筆と目の動きが一緒であること**です。はじめのうちは、なぞっている鉛筆の位置が、読んでいる部分よりもずっと先に行ってしまうことが多いのですが、1～2週間で合うようになってきます。

37

数字と計算に強くなれる秘密のメソッドがある

正確さとスピード両方を高めるために

具体的な指示をせずに、ただ「**計算を速くしなさい**」**と言うだけでは、子どもは計算ミスを多発するようになります**。また、やみくもに多量の計算練習をさせると計算嫌いになってしまうこともあります。うちの子の計算が遅い原因は何だろうと、しっかりと分析をしてから指示を与えてあげてください。

計算処理は、いくら速く解くことができても正確でなければ意味がありませんから、「正確さ」と「スピード」の両面を見ていく必要があります。そのためには、次の3つの視点が必要です。

1. 数のユニットをたくさん覚えるようにする

数のユニットとは、たとえば10にするためには4だったら6、15にするなら7だったら8というような、補数の練習です。

また、「15分が4つ集まれば1時間だ」というような生活のなかでよく使う時計算の数字にも慣れておく必要があります。半分は1／2と同じ、1／8は0・125というような分数と小数の関係は、ぜひとも子どもに覚えさせてください。

45度の扇形の場合、45／360を約分してやっと1／8が出せる子と、45度がすぐに1／8とわかる子では、当然ながら、スピードと正確さが大きく異なります。

ぜひ身につけておきたい数のユニットは左を参考にしてください。

●10になる補数（1と9、2と8、3と7、4と6、5と5）

●15になる補数（1と14、2と13、3と12、4と11、5と10、6と9、7と8）

●12の倍数、15の倍数（これを覚えておくと、60分の1／5は12分、15分の2倍は30分、12分の5倍と15分の4倍は1時間……などを素早く理解できます）

●25の倍数

●45の倍数

●2の累乗（2、4、8、16、32、64、128、256、512、1024……このあたりまで）
●3の累乗（3、9、27、81、243、729……このあたりまで）
●1／8＝0・125、3／4＝0・75

2. 数字の短期記憶の訓練も効果的

数字を短時間頭のなかに留めておく「短期記憶」を鍛えておくことは、スピードと正確さ両面において非常に有効です。数字の写し間違いによるミスがある場合はなおさらです。これは、短時間のうちに記憶された数字が別の数字に入れ替わってしまうという、子どもにはよくあるミスですが、短期記憶を鍛えることで簡単に改善できます。

方法は、2ケタ×1ケタの暗算訓練を用います。

お母さんは、適当に思いついた2ケタと1ケタを子どもに投げかけ、子どもはそれを書き取らずに頭のなかだけで計算する。たったこれだけのことですが、実際にやってみるといろいろな数字を同時に覚えておかなければいけないことに気づかされるのではないでしょうか。元の数字、繰り上がった数字、繰り上がったために増えた数字……。ぜひやってみてくださいね。

3. 暗算と筆算とのバランスを取る

計算ミスがあるからと、何から何まで筆算を要求するお母さんがいらっしゃいますが、それは間違いです。大切なのは、**暗算の正確さを高める**ことです。

暗算と筆算のバランスは、子どもごとに異なります。2番目でお話しした「2ケタ×1ケタ」の暗算訓練が進んでくれば、これも暗算の範囲に入れることができるようになります。

38

悩みは見える化すれば解決策が見えてくる

母親も、自分自身を客観視して初めて見えるものがある

子どもを育てる過程では、時に大人が想像できないようなさまざまなことが起こります。それ以外にも、自分の望むとおりに勉強しない、口答えばかりするなど、日々子どもと向き合っていると悩みはつきないものですよね。

そういった悩みを解決するためのいくつかの方法をお教えしましょう。

まずは**「思ったことノート」**です。日記を書く方法もありますが、それを続けてやろうと思うとなかなか大変です。「思ったことノート」は、「今日、うちの子が『うるせぇな』と言って、むかついた」と書くだけでいいのです。不思議なもので、そう書くだけで、子どもに「うるせぇな」と言わせないためにはどうしたらいいのだろうか、などと考えを巡らせるようになります。また、

「うちの子はたくさん勉強しているのに成績が上がらない」と綴ったとします。すると、そこには矛盾があることに気づきます。「たくさん勉強している」、それなのに「成績が上がらない」というのです。

その後、問題点はどこにあるのか、子どもをどうしたいかについてメモしていきます。これは箇条書きでかまいません。大事なのは**母親が、自分自身や状況を客観視すること**なのです。自分ができることとできないことは何か、子どもにどうなってほしいか、そのために何をしたいかなどを整理していきます。

悩みを解決するために、思いついたことを綴っていく

そういった思考をまとめるためにより効果的なのが、**マインドマップ**です。

まずは、鍵となる言葉をまん中に書きます。それ以降は、特に決まりはありません。自由でいいというか、むしろ型にはめないほうがベターなのです。連想ゲームの

ように、浮かんできたことを次々とつなげて綴っていきます。

この時は、**「子どもをよくするために」という気持ちさえあれば大丈夫**です。そして「あ、これだ」という解決策がイメージできるまで書き続けていきます。

たとえば中心に、「うちの子の算数」と書いたとしましょう。そこから「問題文をよく読まない」「嫌がっている」「計算の字が汚い」などと、思うままに線を引きながらつなげていきます。

次に、「計算の字が汚い」から頭に浮かんだ、結びつく要素を書いていきます。「シャープペンシルではなく鉛筆を使わせる」「マス目のあるノートを使わせる」といった感じです。

これは子ども本人がやっても効果があります。授業中に何か思いついたことがあればやってもいいですし、理科や社会の学習内容をまとめるのにも役立ちます。過去に習ったさまざまな知識が関連づいていることに気づくこともできますから、自然に知識同士をつないで覚えていくことができます。

マインドマップのよさは、**視覚を利用して情報や目標、目的を整理できること**で

マインドマップを作ってみよう

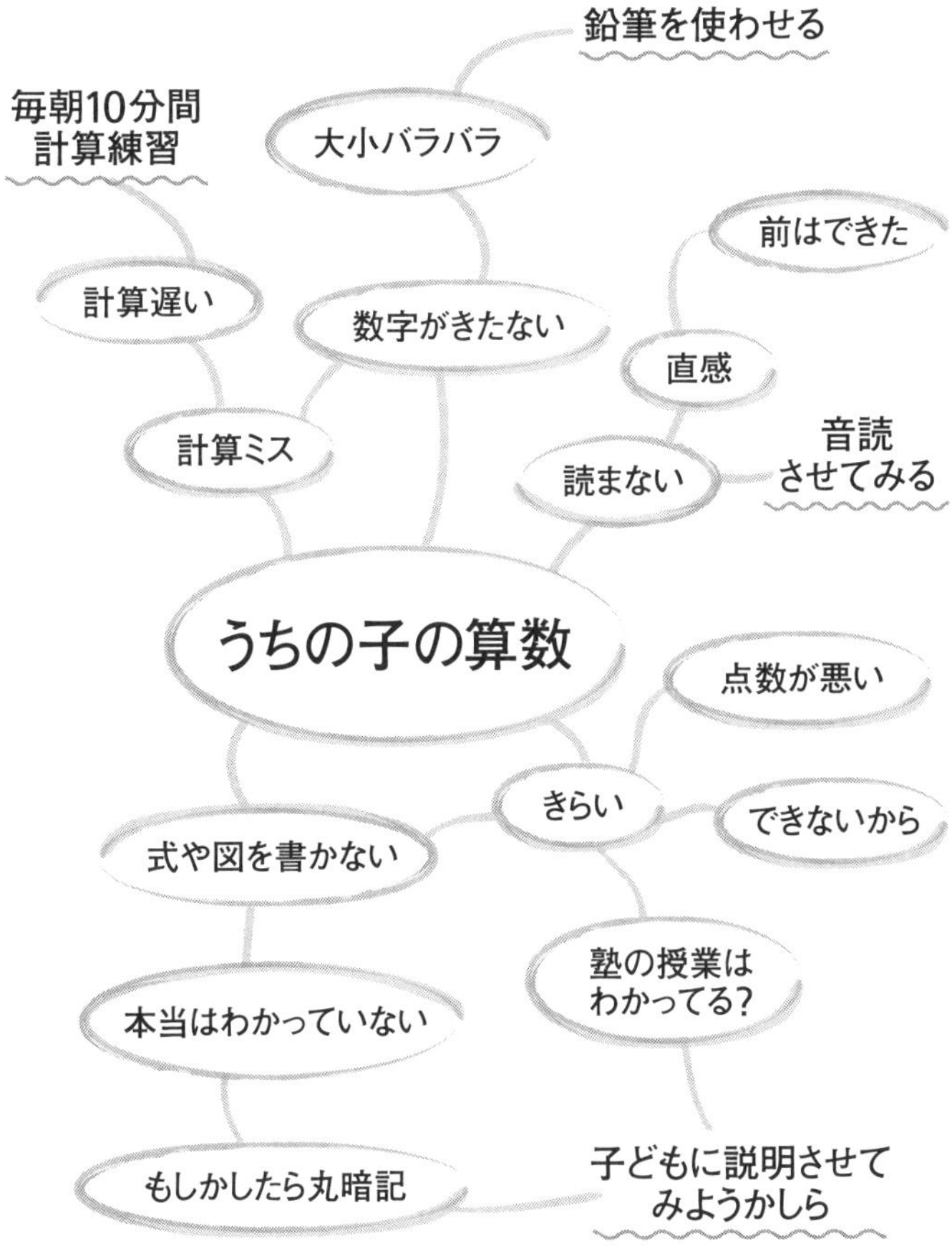

す。

これを何度も書くうちに、思考方法というのが自然に身についてきます。1回やって結論が出なくても、場所や時間を変えてもう一度やってみると、違う回答が出ることもあるのでチャレンジしてみてください。

あとがき

私は家庭教師として日々、さまざまな家族のあり方を見ています。そのたびに思うのは、いつも休みなく子どもと向き合い続けているお母さんというのは本当に大変だな、ということです。

「子どものために」としたことが思うような結果につながらなかったり、反対に子ども自身に嫌がられたり。そんなケースも決して少なくありません。

この本には、子どもの学力を上げる方法に限らず、より広く子育てのヒントになるような内容をたくさん挙げることを心がけました。

それを全部やろう、などと思わないでください。実行しやすい事を一つでも二つでも選んでやってみてください。そうしていただくことで、きっと、新たな光が差し込んでくると思います。

また、これまで触れてきたように、3つの力は子どもだけではなく、大人が自分の人生を力強く歩んでいくためにもとても有効な頭脳です。

「自分は今まで3つの力を生かそうとしてこなかったから、もう遅いわ」などとあきらめないでください。何歳からでも、3つの力を人生に取り入れることはできます。

「はじめに」で「子どもを指導することで、小学生の頃の思考習慣を変化させていくことは十分可能だが、その思考習慣による影響は長く尾を引く」と書きました。ですが、この本を読み終えてくださった読者の皆様には、「小学生の頃の思考習慣による影響を受け続けたとしても、その後の思考習慣を変化させていくことは十分に可能だ」と言い換えておきたいと思います。

その気づきをするかどうかで、人生は大きく変わるものだと信じています。

この本が、子どもを持つすべてのお母さんたちの心をより安らかにする一助となれば、これに勝る喜びはありません。

西村則康

わが子が勉強するようになる方法
2500人以上の子どもを超有名中学に合格させた「伝説の家庭教師」が教える超実践的な38のルール

発行日　2021年2月22日　第1刷
発行日　2021年7月7日　第2刷

著者　西村則康

本書プロジェクトチーム

編集統括	柿内尚文
編集担当	多湖元毅
デザイン	小口翔平＋大城ひかり＋後藤司＋加瀬梓（tobufune）
編集協力	鳥海美奈子　小松崎毅
制作協力	加藤彩
校正	柳元順子
営業統括	丸山敏生
営業推進	増尾友裕、綱脇愛、大原桂子、桐山敦子、矢部愛、寺内未来子
販売促進	池田孝一郎、石井耕平、熊切絵理、菊山清佳、吉村寿美子、矢橋寛子、遠藤真知子、森田真紀、大村かおり、高垣真美、氏家和佳子
プロモーション	山田美恵、藤野茉友、林屋成一郎
講演・マネジメント事業	斎藤和佳、志水公美
編集	小林英史、舘瑞恵、栗田亘、村上芳子、菊地貴弘、大住兼正
メディア開発	池田剛、中山景、中村悟志、長野太介
管理部	八木宏之、早坂裕子、生越こずえ、名児耶美咲、金井昭彦
マネジメント	坂下毅
発行人	高橋克佳

発行所　株式会社アスコム

〒105-0003
東京都港区西新橋2-23-1　3東洋海事ビル
編集部　TEL：03-5425-6627
営業局　TEL：03-5425-6626　FAX：03-5425-6770

印刷・製本　中央精版印刷株式会社

Printed in Japan ISBN 978-4-7762-1121-1

本書は、2013年9月に弊社より発行された
『御三家・灘中合格率日本一の家庭教師が教える 頭のいい子の育て方』を改題し、加筆修正したものです。